电子商务类专业
创新型人才培养系列教材

U0597202

数据化运营

郑玉亮 马艳秋 / 主编　刘俊廷 韩素军 赵胜 / 副主编　厦门网中网软件有限公司 / 组编

E-COMMERCE

人民邮电出版社
北　京

图书在版编目（ＣＩＰ）数据

数据化运营：微课版 / 郑玉亮，马艳秋主编. --
北京：人民邮电出版社，2024.6
电子商务类专业创新型人才培养系列教材
ISBN 978-7-115-62537-3

Ⅰ．①数… Ⅱ．①郑… ②马… Ⅲ．①电子商务－运
营管理－高等学校－教材 Ⅳ．①F713.365.1

中国国家版本馆CIP数据核字(2023)第156597号

内 容 提 要

数字经济时代下电子商务行业的发展，离不开数据化运营思维的带动。本书共 8 个项目，包括数据化运营基础、市场与行业数据分析、商品运营数据分析、营销数据分析、会员数据化运营、店铺服务数据化运营、成本利润数据化运营、撰写数据分析报告与运营计划等内容。本书采用项目任务方式讲解知识点，化理论为实践、化抽象为具体，并配以知识拓展、综合实训等，旨在培养学生的动手能力，使学生能尽快掌握数据化运营的操作技能。

本书既可以作为应用型本科院校和高等职业院校电子商务、市场营销等专业数据分析相关课程的教材，也可供工作中涉及数据分析的从业人员，以及有志于进入数据分析领域的创业者参考。

◆ 主　　编　郑玉亮　马艳秋
　　副 主 编　刘俊廷　韩素军　赵　胜
　　责任编辑　刘　尉
　　责任印制　王　郁　彭志环

◆ 人民邮电出版社出版发行　　北京市丰台区成寿寺路 11 号
　　邮编　100164　电子邮件　315@ptpress.com.cn
　　网址　https://www.ptpress.com.cn
　　三河市祥达印刷包装有限公司印刷

◆ 开本：787×1092　1/16
　　印张：12　　　　　　　　　　2024 年 6 月第 1 版
　　字数：313 千字　　　　　　　2024 年 6 月河北第 1 次印刷

定价：49.80 元

读者服务热线：(010)81055256　印装质量热线：(010)81055316
反盗版热线：(010)81055315
广告经营许可证：京东市监广登字 20170147 号

随着数字化时代的到来，数据越来越被人们所重视，尤其是在电商行业中，数据化运营已经获得了普遍重视。数据化运营不仅可以让消费者享受更好的购物体验，帮助店铺降低运营成本、提高运营效率，还能让店铺在激烈的市场竞争中取得优势。为此，我们认真学习贯彻党的二十大精神，着眼于当前市场对人才的需求，着力培养有知识、懂技术、会管理的高素质人才，推动产教融合，助力学生就业、创业，特地选择数据化运营这一具有发展前景的行业，根据新课程标准编写了本书。

本书具有以下几个特点。

1. 情景代入，贯穿全书

本书以新员工进入公司的各种情景引出各项目教学主题，并围绕同一合作对象的数据化运营需求开展任务实施，将情景贯穿全书，旨在让学生了解相关知识点在实际工作中的应用情况，做到理论与实际相结合。

本书设置的情景角色如下。

公司：北京荣邦网络科技有限公司，该公司是一家大型网络科技公司，主营业务包括计算机软件与技术开发、商务信息咨询、电子商务管理、网络商务服务等。

人物：小赵——公司数据部门实习生；老李——公司数据部门主管。

2. 任务驱动，实操演练

本书采用项目任务方式讲解知识点，将任务贯穿始终。本书不仅将每个项目划分为具体任务，通过任务引入相应的知识点，还设置了"任务演练"模块，通过实操演练各种操作方法和技巧，让学生能够在教中学、在学中做，强化实际动手能力。

同时，本书还在项目末尾提供"综合实训""巩固提高"模块，引导学生自主学习，加深对理论知识的理解。

3. 模块丰富，内容翔实

本书在模块设计上注重学生思考能力和动手能力的培养，在正文讲解或操作步骤中穿插各类模块。

● **知识拓展**：穿插在正文中，补充介绍与正文相关的其他知识点，以拓展学生知识面。

- **素养小课堂**：与素养目标相呼应，以党的二十大精神为指引，重在提升学生的个人素养。
- **提示**：穿插在"任务演练"的操作中，补充介绍与操作有关的技巧、注意事项或经验。
- **技能练习**：穿插在"任务演练"中，旨在让学生练习任务的其他实现方法，提高动手能力。

4. 资源丰富，辅助教学

本书提供 PPT、微课视频、电子教案、题库等教学资源，用书教师可通过人邮教育社区（www.ryjiaoyu.com）免费下载。

本书由黑龙江林业职业技术学院郑玉亮和云南交通职业技术学院马艳秋任主编，吉林电子信息职业技术学院刘俊廷、河北正定师范高等专科学校韩素军和河北科技工程职业技术大学赵胜任副主编。在本书的编写过程中，编者参考了数据化运营的同类书籍和相关资料，在这里向其作者表示诚挚的谢意。由于编者能力有限，书中难免存在不足之处，欢迎广大读者批评、指正。

编者
2024 年 4 月

目　录

数据化运营基础

【知识目标】

（1）了解数据化运营的含义与目标，熟悉数据化运营的基本思路和业务流程。

（2）掌握数据化运营所需的工具。

（3）掌握数据化运营所需的技能。

【技能目标】

（1）能够灵活运用数据化运营思路分析店铺可能存在的运营问题。

（2）能够选择合适的数据采集工具采集数据。

（3）具备数据分析与观察能力，能够对有价值的数据进行处理和分析等。

（4）能够在实际运营中熟练使用数据化运营技能。

【素养目标】

在数据化运营的过程中要坚持严谨、求真、务实的工作态度，同时，还应具备自主学习能力和创新能力，为推进强国建设、实现中华民族伟大复兴做出贡献。

🖥 **项目导读**

数字化浪潮席卷全球，深刻影响了消费者的消费方式和行为。消费者花费在互联网上的时间越来越多，由此产生的消费行为数字化趋势也越来越明显。这就要求商家打破传统的运营方式，向数据化运营方式转变。KK 旗舰店是一家主营咖啡饮品的店铺，该店铺的速溶咖啡在京东商城和淘宝均有销售。近来，KK 旗舰店咖啡的销量呈现下滑趋势，店长查看了店铺近 3 个月的销售数据，但始终没有找到原因。于是，店铺决定委托北京荣邦网络科技有限公司（以下简称"荣邦公司"）对销售数据进行分析，找出销量下滑的原因，并进一步采集和处理咖啡市场的数据，以便为后期的产品运营提供参考。接到委托后，老李便将工作安排给实习生小赵，让小赵先分析销售数据，再通过各种渠道获取并简单处理数据，以便后续系统、全面地分析数据。

任务一　认识数据化运营

🖥 **任务描述**

小赵是第一次接触数据化运营工作，难免有点信心不足。为了能保质保量完成工作任务，小赵在接到任务安排后，便仔细查看了 KK 旗舰店提供的销售数据，准备根据数据化运营的基本思路分析 KK 旗舰店咖啡的销量下滑的原因，并将具体内容填写到任务单（见表 1-1）中。

表 1-1   任务单

任务名称	分析 KK 旗舰店的销售数据
任务背景	KK 旗舰店最近在京东商城和淘宝中的咖啡销量与销售额均呈现下滑趋势，为了找出下滑的原因，KK 旗舰店决定从同行优秀店铺"DD 旗舰店"入手，分析该店铺的相关信息，了解该店铺采取的市场策略，以便做出更好的、更有针对性的市场营销方案
任务类别	□采集数据　　□处理数据　　■分析数据　　□制订报告/计划
所需素材	配套资源：\素材文件\项目一\任务一\速溶咖啡销售数据.xlsx

工作任务	
任务内容	**任务说明**
任务演练：采用对比思路分析 KK 旗舰店的销售数据	【对比对象】DD 旗舰店 【对比数据】销售额、销售数量、流量来源
任务总结：	

 知识准备

一、数据化运营的含义与意义

运营即运作与经营，是指利用各种资源，通过计划、组织、实施和控制等管理手段，实现产品（或服务）商业价值的一系列行为的总称。数据化运营是指通过数据化的工具、技术和方法，对运营过程中的各个环节进行科学分析、引导和运用，最终达到降低运营成本、提高运营效率、优化运营效果的目的。

数据化运营是从数据的角度分析和解决业务运营工作中存在的问题或不足，以实现商业目标的过程。总体来说，数据化运营的意义主要包括以下 4 点。

（1）提高决策效率。在瞬息万变的数字化时代，决策效率越高，意味着可以在更短的时间内做出决策。数据化运营可以辅助企业决策，并及时洞察经营过程中的机遇和风险，从而提前预判决策时机并提高决策效率。

（2）洞悉用户。数据化运营可以帮助企业洞悉用户，如用户来源、用户特征、用户需求等，从而帮助企业实现精准营销。

（3）提高用户活跃度。通过精细化渠道触达、活动运营，提高用户访问频率，有效增强用户对产品的价值认同与内容依赖。

（4）提升投资回报。在数据化运营过程中，结合数据分析的工作方法和思路，优化各个执行环节，可以有效降低冗余支出，提高单位成本的投资回报。

> **提示**
>
> 从思维方式和技能来看，数据化运营是通过数据分析的方法发现问题、分析问题、解决问题，从而提高工作效率并促进企业业务增长的过程。

二、数据化运营的目标与类型

随着"大数据"时代的到来，数据化运营的发挥空间越来越大，越来越多的企业开始开展数据化运营。数据化运营的最终目标是优化和提高业务运营效率，助力企业实现持续盈利。在电商领域，数据化运营的目标主要体现在 5 个维度，如图 1-1 所示。

销售维度
提高销售转化率，提高客单价

用户维度
增加新用户，留住老用户，提高用户活跃度和复购率

流量维度
提升店铺人气，实现精准引流

产品维度
提高产品销量，提高店铺动销率，规划、拓展新品

成本利润维度
降低或控制成本，提升利润空间

图 1-1　数据化运营的目标

从广义上来说，一切围绕互联网产品进行的数据化干预都称为数据化运营。在电商领域，按企业运营模块划分，数据化运营的类型主要包括以下 4 种。

（1）市场运营。市场运营是指通过市场营销、产品开发、品牌管理等市场开发行为获取利润或实现利益最大化。在电商领域，店铺开展的各种促销活动都属于市场运营的范畴，市场运营的目的就是促进销售，提高市场占有率。

（2）产品运营。产品运营以产品为运营对象，以推广和维护产品为目的，使产品被用户接受，并持续产生产品价值和商业价值，如通过微信公众号、小程序推广新品等。

（3）用户运营。用户运营是指以用户为中心，从用户需求出发设置运营活动与规则，制定运营策略，以达到预期的运营目标。用户运营可以提高用户的活跃度和留存率，提升用户价值，进而提升运营效果。

（4）内容运营。内容运营是指通过内容生产、发布和传播，提高产品的服务价值，促进产品活跃、留存、转化等运营目的的过程。就内容运营而言，无论是用户原创、经验分享，还是编辑采集、二次创作等，往往需要以优质的内容为依托才能吸引用户。

三、数据化运营的主要内容

目前，电商企业的运营部门一般通过可量化、可细分、可预测等一系列精细化的方式进行数据化运营。在电商领域中，数据化运营的核心内容主要体现在流量监控分析、目标用户行为研究、数据监控分析、网络营销策划推广 4 个方面。

（一）流量监控分析

流量监控分析主要包括观察流量规律、分析用户路径、细分用户、追踪流量情况 4 个方面的内容。

（1）观察流量规律。通过观察流量规律，筛选出不同渠道流量的质量，要果断关闭异常渠道，优先选择优质渠道，以节约渠道推广成本。

（2）分析用户路径。通过分析用户路径，寻找产品存在问题的环节和改进的节点，并及时迭代和优化。

（3）细分用户。根据不同的细分用户群，制定差异化的推广营销策略，实现精准营销。

（4）追踪流量情况。通过设定指标追踪流量情况，以此衡量推广活动效果或渠道优化效果。

（二）目标用户行为研究

目标用户行为研究主要包括用户特征分析、用户行为分析、用户购买情况分析 3 个方面的内容。

（1）用户特征分析。通过用户特征分析，商家可以知晓用户是什么样的人，需要什么、喜欢什么。用户特征分析的主要指标包括年龄、职业、地域、受教育程度、兴趣爱好等。

（2）用户行为分析。通过用户行为分析，商家可以清楚地了解用户的行为习惯、真实的使用心得，从而找出渠道推广、产品使用等过程中存在的问题。用户行为分析的关键是找准对应的衡量指标，如用户点击次数、用户访问终端类型等。

（3）用户购买情况分析。通过用户购买情况分析，商家可以了解用户对产品的喜爱程度，从而更为精准地制订营销计划。用户购买情况分析的主要指标包括用户访问时间分布情况、用户购买时间分布情况、用户所购商品分布情况等。

（三）数据监控分析

数据监控分析主要依据业务系统提供的数据进行相关的项目分析，从而产生有价值的结果来指导生产经营活动。数据监控分析主要包括以下内容。

（1）产品数据监控分析。通过产品数据监控分析，商家可以实时掌握产品数据的变化情况，从而更好地了解产品需求、产品生命周期、产品库存情况等。产品数据监控分析的指标包含产品需求、产品定价、产品生命周期及产品库存管理与统计分析等。

（2）竞品数据监控分析。通过竞品数据监控分析，商家可以了解同行或者竞争产品的动态，从而完成新品定价、动态营销等。竞品数据监控分析的指标包括竞品产品策略分析、竞品渠道策略分析、竞品价格策略分析、竞品营销策略分析等。

（四）网络营销策划推广

网络营销策划推广主要包含电商促销活动、各渠道广告宣传、品牌营销 3 个方面的内容。

（1）电商促销活动。通过对电商促销活动数据的追踪与分析，可以实时调整促销活动内容，或者为下一场促销活动提供参考。

（2）各渠道广告宣传。通过对广告投放数据的追踪，如广告费用、曝光量、点击量、成交量等数据，可以增投数据表现优异的广告渠道，摒弃效果差的广告渠道。

（3）品牌营销。对品牌进行内容营销，并追踪内容营销数据，如短视频账号的运营，同时监控短视频作品的播放量、点赞量、评论量、完播率等数据指标。

四、数据化运营的基本思路

数据化运营依托的核心对象是数据，因此处理和分析数据是数据化运营的重点工作。在数据化运营中，处理数据有五大基本思路，包括对比、追踪、分解、锚点和多维度分析。数据分析人员只有充分理解和掌握这些思路，才能更高效地处理和分析数据。

（一）对比

对比是较常见、直接的数据处理思路。例如，商家通过店铺间销量的对比分析本店与竞争对手的经营情况，通过月销量的对比规划淡季和旺季的运营思路等，这些都是直接利用对比思路进行数据化运营。通过对比，商家能够直观地发现差距，找到正确的优化方向。图 1-2 所示为 KK 旗舰店与同行业的其他店铺付款人数的对比。通过数据对比，可发现 KK 旗舰店的付款人数与同行业的其他店铺的差距较大。影响付款人数的因素有很多，如产品价格、产品品类，以及消费者访问产品的动机和时间等。通过进一步分析，发现导致 KK 旗舰店付款人数比同行业的其他店铺付款人数低的主要因素是产品价格，于是 KK 旗舰店准备结合目标用户调整产品价格，以此提高产品的付款人数。

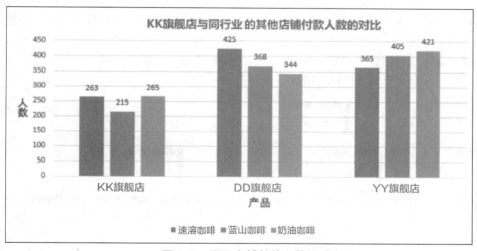

扫码看彩色图

图 1-2　不同店铺付款人数的对比

（二）追踪

追踪的本质是通过趋势处理数据。店铺在 5 月 1 日的转化率是 1.5%，而评价该数据需要统计店铺近一周、近一个月甚至近一年的数据，判断数据是增长还是下降，才能真正得出结论。图 1-3 所示为 KK 旗舰店 4 月 1 日—4 月 29 日的转化率分布。由该图可知，KK 旗舰店 4 月的最高转化率为 5.20%，最低转化率为 0.98%，而 4 月 25 日的转化率仅为 1.50%，该数值明显较低。于是，店铺优化了商品详情页，调整了装修风格，并采取相应措施提高了动态评分，两个月后店铺的转化率有了显著提高。

虽然目前许多电商平台都发布了成熟的后台数据处理产品，能够支持一定的数据追踪，但还远远不够。商家如果需要利用数据化运营方式经营店铺，就应该把所有数据都记录下来并保存到数据库中，建立不同的数据维度和追踪机制来分析与处理数据。

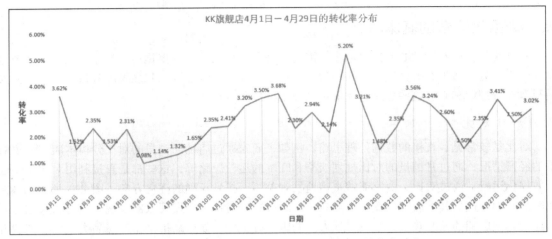

图 1-3　KK 旗舰店 4 月 1 日—4 月 29 日的转化率分布

（三）分解

分解是指将所有数据逐次向下分解，找出更多子数据，并通过挖掘和优化子数据，精准找到问题方向，提高核心指标。尤其是无法直接找到问题的根本原因时，更应该通过分解思路拆分数据或指标，而不应该只着眼于某个现成的数据指标，忽略与之相关的其他因素。例如，店铺的销售额一般由访客数、客单价和转化率决定，因此就可以将销售额分解为这 3 个对象，然后进一步分解，如图 1-4 所示，逐步分析各项指标的情况，直到找到根本原因。

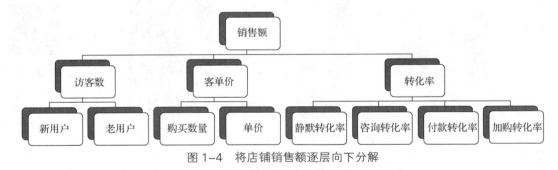

图 1-4　将店铺销售额逐层向下分解

（四）锚点

行为经济学范畴有个术语称为"锚"。其大致意思是，如果在生活中遇到某个产品，第一印象将在此后对购买这一产品的意愿产生长期影响。锚点思路也可以应用到数据化运营中，即在数据分析中，当存在多个因素影响一个数据指标时，只考虑将一个因素视为变量，其他因素保持不变，然后测试这个变量因素对数据指标的影响程度，以便后续做出有效优化。

例如，产品的标题、主图、价格、评价、促销活动和详情页等均会影响产品转化率，但每个因素对转化率的影响各不相同。保持主图变动，而其他因素不变进行销售，便可以得出主图对产品转化率的具体影响情况，以便后续做出有效优化。

另外，通过锚点思路还可以加快用户决策，提高产品销量。例如，A 和 B 两个店铺经营同一个品牌，该品牌有甲和乙两种产品。A 店铺与 B 店铺沟通后，决定由 A 店铺主推甲产品，B 店铺主推乙产品。此时，A 店铺可以把乙产品的价格标高，以便帮助 B 店铺做价格锚点，让用户知道

B 店铺的乙产品具有价格优势，进而加快用户决策。

（五）多维度分析

电商的核心数据在一段时间内兼具偶然性和关联性，如果单独利用某一个维度追踪数据会显得比较片面，严重时会导致结论出错，所以在进行数据化运营时一定要结合多个维度。转化率和流量是相辅相成的，一般情况下，流量越高，转化率就会越高，但有一个前提，那就是必须是正向转化（订单无缺陷+好评+复购），如果出现负向转化（订单缺陷+差评等），就会阻碍转化，降低流量。结合其他维度（如客单价等）可以发现，在流量基本保持在同一水平的情况下，客单价的提高会导致转化率的降低。

知识拓展

数据偶然性指某一阶段的数据并不能完全反映出店铺的整体真实情况，如用活动期间的访问量说明店铺的整体访问量，得到的结果自然就虚高。数据关联性是多维度的一种体现，电商经营活动中的大部分数据指标都具有关联性，因此多维度分析和处理数据就显得非常有必要。

素养小课堂

灵活运用数据化运营思路可以科学、快速地找到问题和原因，并能很好地提高运营效率。但当某一种思路行不通时，就需要转换思路，多角度、多方面地观察，从常规中求新意，看似棘手的问题就会迎刃而解。

五、数据化运营的业务流程

从业务流程的角度来看，数据化运营涉及六大环节，分别是目标的明确、指标的确定、数据的获取、数据的分析、策略的形成，以及结果的验证与优化。

（一）目标的明确

数据化运营是有明确目标的行为。这个目标可以是短期的、一次性的，也可以是长期的、周期性的。根据运营场景的不同，数据化运营的目标可以分为以下 4 种。

1. 以某一具体指标为目标

这类数据化运营目标往往是短期的或一次性的，一般通过分析数据找到刺激用户的方式，以求在短期内实现数据指标量级上的提高。例如，以一周内新增用户数量达到 1 000 人、活跃率达到 20%、留存率达到 30%、转化率达到 4% 为目标。

2. 以发现和解决问题为目标

这类数据化运营目标非常普遍，如发现访问量呈断崖式下降，就会以解决此问题为目标进行数据化运营，以查明访问量下降的原因，并尽快解决问题。

3. 以发现潜在方向为目标

在"大数据"时代的背景下，大数据产品的出现往往实行"发现并分析用户需求，进而衍生出满足用户需求的产品"的模式。通过数据化运营，商家可以发现更多用户没有显现出来的问题和痛点，进而发现潜在的用户需求和产品研发方向。

4．以掌握产品生态为目标

掌握产品生态是指将数据化运营应用到日常生产流程中，使其成为日常生产流程的一部分。这也是开展数据化运营的企业或个人的最终目标。企业可以通过数据沉淀、数据分析来全面且准确地了解产品的用户群、用户分类等情况，对用户进行精细化运营。

另外，掌握产品生态还能更好地了解产品生态的上下游情况，如上游用户的获取情况、下游用户的转化和分发情况等。对于平台类产品或需要上下游业务支撑的产品来说，数据化运营对产品后期发展有很大的价值。

（二）指标的确定

确定目标后，就需要围绕不同的运营目标确定相应的指标，将目标具体化，如店铺的访客数、转化率、客单价等就是决定销售额的直接指标。以电商领域的店铺运营为例，常见的用户指标可以分为用户画像指标、用户来源指标和用户行为指标等。

（1）用户画像指标。用户画像即依据用户属性和行为为用户构建出的画像数据，目的是分析用户特征，以便对用户进行分类和精细化运营。用户画像指标有很多，常见的有性别、年龄、职业、支付习惯、消费习惯、使用的终端设备等，如图1-5所示。

男性/女性
18~24岁/25~30岁
学生/老师/职场人士
支付宝/微信
浏览未购买/加购已购买
PC端/移动端购买
活跃用户
……

（2）用户来源指标。通过用户来源指标，商家可以掌握并分析用户渠道。例如，通过渠道分布指标，商家可以分析用户访问店铺内商品的渠道；通过渠道效果指标，商家可以获取各渠道的用户数，以及转化为注册用户的数量，进而判断各渠道的获取效果。

（3）用户行为指标。用户行为指标侧重于让商家分析用户体验。例如，通过用户访问店铺页面次数、跳失率等与用户浏览下单相关的指标，以及用户行为路径指标等，可以找出用户未下单的原因，从而优化店铺。

图1-5　用户画像指标

（三）数据的获取

明确目标并确定好需要分析的指标后，下一步就需要为各指标提取相关的数据了，即进行数据采集和处理。

（1）数据采集。对于店铺而言，数据可以是电商平台的后台数据，也可以是专业的数据分析工具（如生意参谋、京东商智、多多情报通等）提供的数据。

（2）数据处理。采集到的数据一般需要经过处理才可用于数据分析。对于采集到的不规范数据，可以进行清洗；若数据存在缺失，可以进行补充；数据多余时，需要进行删除；对于数值性数据，则需要考虑是否添加单位等。

素养小课堂

"工欲善其事，必先利其器"。数据采集是一项严谨且细致的工作，要想做好这项工作，除了要有足够的耐心外，采集工具的选择也至关重要。

（四）数据的分析

获取到相关数据后，商家就可以按照最初确定的目标及按目标确定的指标，利用数据分析方法进行数据的分析工作。常用的数据分析方法主要有对比、细分和假设 3 种。

（1）对比。对比方法在店铺数据复盘、单品分析、行业竞争分析等方面广泛应用，只有对比行业标准、历史数据，才能发现目前运营的情况与异常。

（2）细分。细分方法在电商数据分析中常用于市场细分、产品定位等。只有通过不断细分来定位问题，才能做到具体问题具体分析。针对某一个问题，可以从来源、渠道、类型、用户等不同维度进行细分，精准定位问题后再解决。

（3）假设。假设方法在电商数据分析中常用于销售预测、库存预测等。对于无法通过计算和采集直接获得的数据，就可以使用假设方法，即先假设结果再进行结果逆推。

> ⏰ **提示**
>
> 利用数据分析工具进行数据的可视化处理，可以直观地将数据信息展现出来，以便更加有效地传递信息和表达分析观点，如利用 Excel 的柱形图展现不同时期的销售额对比情况。另外，数据分析阶段还需要撰写对整个数据分析过程进行总结与呈现的数据分析报告，以供决策者参考。

在进行电商数据分析时，为了让结论更具说服力，论证过程更具逻辑性和条理性，通常要先搭建数据分析模型，根据模型中的内容确定数据指标，再细化数据指标并分析，最终得到需要的分析结果。数据分析模型的应用场景根据数据分析所选取的指标不同而有所区别，图 1-6 所示为电商行业中常用的数据分析模型。

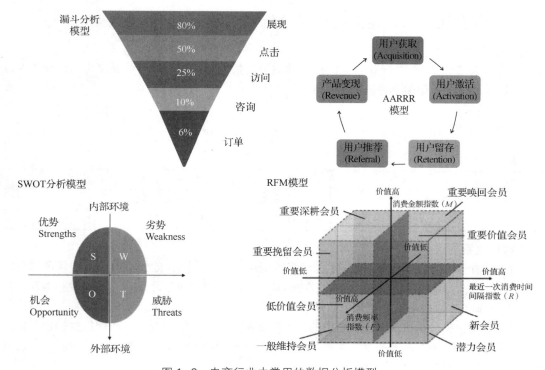

图 1-6　电商行业中常用的数据分析模型

（五）策略的形成

分析数据后，要基于分析结果发现业务问题或寻找潜在增长点，支撑业务决策、驱动产品流程改进优化，从而形成策略。策略的形成取决于数据化运营的目的和数据分析的结果，需要注意的是，每一次数据分析形成的策略可能不一致，应根据具体问题和具体的业务场景制定有效的策略。例如，通过数据分析发现某个产品在市场上的竞争性较弱，如果该市场有一定的份额占比和发展前景，那么可以制定进入市场抢占份额的策略；但如果该市场已经被淘汰或处于淘汰的边缘，则不应该进入。

（六）结果的验证与优化

数据分析的结果生成的策略并非一定有效，也并非能够快速达到预期效果。在策略执行的同时，通过数据的积累沉淀，监控相应数据指标情况，可以优化和完善策略，再反复进行验证与优化，最终可以得到一个更优的结果。图 1-7 所示为总结复盘和迭代优化流程。

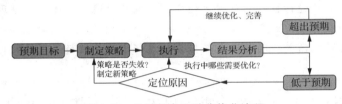

图 1-7　总结复盘和迭代优化流程

任务实施

任务演练：采用对比思路分析 KK 旗舰店的销售数据

【任务目标】

查看 KK 旗舰店与同行业其他优秀店铺的销售数据，通过与同行业其他优秀店铺数据的对比，找到 KK 旗舰店销量下滑的原因。

【任务要求】

本次任务的具体要求如表 1-2 所示。

表 1-2　　　　　　　　　　　　　　任务要求

任务编号	任务名称	任务指导
（1）	选择数据分析方法	观察提供的数据图表，选择合适的数据分析方法
（2）	分析数据	采用对比方法并结合流量来源制定策略

【操作过程】

（1）查看提供的数据。图 1-8 所示为销售数据对比，其中包括 KK 旗舰店 2023 年的销售额与销售数量，以及 DD 旗舰店 2023 年的销售额与销售数量。图 1-9 所示为流量来源数据对比，包括 KK 旗舰店和 DD 旗舰店的流量来源数据。

（2）选择数据分析方法。图 1-8 中的柱形图展示了 KK 旗舰店与 DD 旗舰店的销售数据对比情况，图 1-9 中的条形图则展示了 KK 旗舰店与 DD 旗舰店的流量来源数据对比情况，通过这两张图表能方便地对数据进行分析。

（3）分析数据。分析图 1-8，小赵发现 KK 旗舰店的销售额和销售数量都低于 DD 旗舰店，结合图 1-9，他发现 KK 旗舰店的流量主要来源于其他、钻石展位和直通车，淘宝 App 搜索的流量占比较低，于是有了加大淘宝 App 搜索流量投放的想法。接着，小赵对比分析了 DD 旗舰店的流量来源数据，发现 DD 旗舰店的流量主要来源于淘宝 App 搜索。综上所述，小赵认为可以加大淘宝 App 搜索渠道的流量投放。于是，KK 旗舰店按照数据分析的结果，增加了对淘宝 App 搜索渠道的流量投放，果然不久后店铺的流量和销售数量均有所提高。

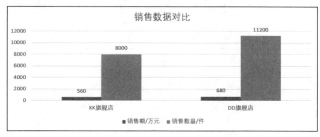

图 1-8　销售数据对比

扫码看彩色图

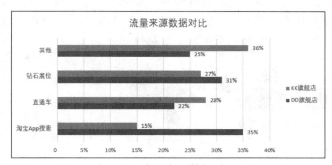

图 1-9　流量来源数据对比

任务二　掌握数据化运营所需的工具和技能

任务描述

小赵完成了销售数据的分析工作后，接下来将对市场数据进行分析。由于咖啡市场是千变万化的，咖啡的需求量也在不断地变化，因此小赵需要先采集市场数据，然后再对数据进行处理和分析。小赵明确了本次的任务（见表 1-3）后，便着手进行数据的采集和处理工作。

表 1-3　　　　　　　　　　　　　　　　　　任务单

任务名称	采集并处理咖啡市场数据
任务背景	为了更好地为产品运营提供数据支撑，KK 旗舰店还需要采集咖啡市场数据。为了提高采集效率，小赵准备借助一些数据采集工具，如集搜客、八爪鱼采集器等。由于采集到的数据往往不具备直接分析价值，因此还需要对采集到的数据进行加工处理，包括删除无用字段、查找和替换、排序等
任务类别	■采集数据　　　■处理数据　　　□分析数据　　　□制订报告/计划
处理对象	采集的速溶咖啡市场数据
所需素材	配套资源:\素材文件\项目一\任务二\京东商城速溶咖啡数据.xlsx

续表

工作任务	
任务内容	任务说明
任务演练1：使用集搜客采集咖啡数据	使用集搜客采集京东商城中的速溶咖啡数据信息
任务演练2：利用Excel处理采集的数据	① 删除表格中的无用字段并重命名字段 ② 使用查找和替换功能修订错误数据 ③ 对产品价格进行排序
任务总结：	

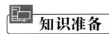 知识准备

一、数据采集工具

数据采集又称数据获取，是指通过数据采集工具将庞大、复杂的单个数据，整理成符合需求的数据集，如图1-10所示。为了高效采集数据，依据采集环境和数据类型选择合适的数据采集工具至关重要，常见的数据采集工具有集搜客和八爪鱼采集器两种。

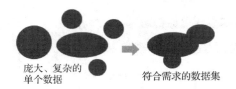

庞大、复杂的　　　　　符合需求的数据集
单个数据

图 1-10　数据采集

（一）通过集搜客采集数据

集搜客是一款专业的网页数据采集/信息挖掘处理软件，它可以轻松抓取网页文字、图片、表格、超链接等多种网页元素，并最终得到规范化的数据。使用集搜客之前，需要在集搜客官方网站中下载并安装"数据管家"爬虫软件，如图1-11所示。待爬虫软件安装完成后，双击计算机桌面上的数据管家图标，进入集搜客官网。注册成为集搜客会员后，单击 快捷采集 按钮，在打开的页面中选择要采集的网站和页面，并输入具体的采集网址，如图1-12所示，单击 获取数据 按钮，便可开始采集数据。

图 1-11　"数据管家"爬虫软件下载页面

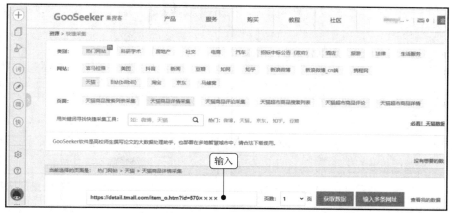

图 1-12 输入采集网址

（二）通过八爪鱼采集器采集数据

八爪鱼采集器是一款网页数据采集软件，具有使用简单、功能强大等特点。该软件提供了模板采集、自动识别采集、手动采集等不同的采集模式，是广受青睐的数据采集器之一。使用八爪鱼采集器之前，首先需要在八爪鱼官方网站中下载软件，然后将其安装到计算机中，安装完成后，打开八爪鱼软件并注册成为会员，便可使用该软件采集网页数据了。

1. 模板采集

此模式可直接利用八爪鱼采集器内置的各种采集模板，实现快速采集数据的目的。在八爪鱼采集器中单击左侧列表中的"模板"按钮，打开"采集模板"页面（见图 1-13），在其中单击所需要的采集模板后，进入"模板详情"页面，单击 立即使用 按钮，如图 1-14 所示。在打开的页面中设置此次采集的任务名、任务组，并配置模板参数，完成后即可采集并保存数据。需要注意的是，八爪鱼采集器提供的部分模板需要升级为套餐用户才能正常使用。

图 1-13 "采集模板"页面

图 1-14 单击"立即使用"按钮

2. 自动识别采集

当八爪鱼采集器内置的模板无法满足采集需求时，可以通过自定义采集的模式采集数据。在八爪鱼采集器首页中单击 新建自定义任务 按钮（见图 1-15），打开"任务：新建任务"页面，在"网址"文本框中输入要采集数据的网址后，单击 保存设置 按钮（见图 1-16），便可进行采集操作。使用这种采集模式时，八爪鱼采集器会自动识别网页内容，识别完成后根据需要修改采集的页数、字段等信息，然后开始采集和保存数据。

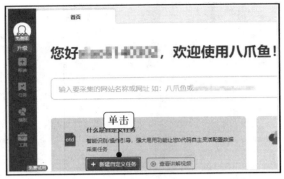

图 1-15　单击"新建自定义任务"按钮

图 1-16　单击"保存设置"按钮

3. 手动采集

当自动识别无法采集正确的数据时，可取消自动识别，并手动添加采集字段进行手动采集。手动采集的关键在于正确采集需要的数据对象，这将涉及循环、翻页等参数的设置，如图 1-17所示。

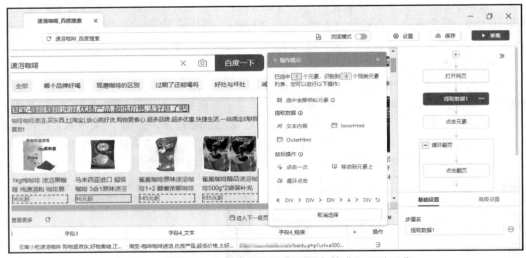

图 1-17　添加采集字段并设置循环等参数进行手动采集

> **素养小课堂**
>
> 采集数据必须合法合规，特别是除了企业内部和企业调研的数据外，在从其他途径采集数据时，采集人员必须遵守法律法规和道德伦理规范，要有良好的道德操守，不得采集禁止采集的数据，并应对采集的数据承担保护义务。

二、数据处理工具

采集到的数据往往需要经过整理和加工等处理操作才能成为后期分析工作的数据源。常用的数据处理工具有 Excel 和 Python 两种，如表 1-4 所示。一般来说，如果处理的数据量不大，可以使用 Excel；如果数据量较大，则应选择 Python。下面重点介绍使用 Excel 处理数据的方法。

表 1-4 常用的数据处理工具

工具名称	功能介绍
Excel	Excel 是一个电子表格软件，可以用来创建电子表格并完成许多复杂的数据运算。同时，Excel 还具有强大的图表制作功能，并能进行数据分析和预测等操作，如插入图表、创建表单、创建数据透视图/表、排序和筛选数据等
Python	Python 是一种面向对象的解释型计算机程序设计语言，具有丰富和强大的库，可用于数据分析和数据可视化等，一般来进行爬虫和自动化运维等工作

使用 Excel 处理数据的操作主要包括数据整理和数据加工两个方面。

（一）数据整理

采集数据后，往往需要将数据内容整理为所需要的信息，才能使采集的数据具备分析价值。总体来看，数据整理工作主要包括内容整理与格式整理两大方面。

1. 内容整理

采集到的数据可能存在值缺失、错误或重复等情况，针对不同的情况，有不同的整理技巧。

（1）缺失值整理。如果能够判断缺失数据的内容，就应该考虑进行手动修补；反之，则可考虑用合理的值代替缺失值；另外，如果采集到的数据量足够大，且能够确保删除缺失值后并不影响所采集数据的效果，就可以考虑将缺失值删除。

（2）错误值整理。在 Excel 中每一种错误值都会提示出错原因，根据出错原因，可以快速定位错误位置，以修正、解决错误。表 1-5 所示为 Excel 中常见的错误提示信息及其产生原因和解决方法。

表 1-5 Excel 中常见的错误提示信息及其产生原因和解决方法

错误提示信息	产生原因	解决方法
#####	① 单元格中的数字、日期或时间数据长度大于单元格宽度 ② 单元格中的日期或时间公式产生了负值	① 拖曳列标增加单元格宽度 ② 更正公式或将单元格格式设置为非日期或时间
#VALUE!	① 需要数字或逻辑值时输入了文本 ② 将单元格引用、公式或函数作为数组常量输入 ③ 赋予需要单一数值的运算符或函数一个数值区域	① 确认公式或函数所需的运算符或参数正确，并且公式引用的单元格中包含有效的数值 ② 确认数组常量不是单元格引用、公式或函数 ③ 将数值区域改为单一数值
#DIV/0!	① 公式中的除数使用了指向空白单元格或包含零值的单元格引用 ② 输入的公式中包含明显的除数零	① 修改单元格引用，或在用作除数的单元格中输入不为零的值 ② 将零值改为非零值
#NAME?	① 删除了公式中使用的名称，或使用了不存在的名称 ② 名称出现拼写错误 ③ 公式中输入文本时未使用双引号 ④ 单元格区域引用缺少冒号	① 确认公式中使用的名称确实存在 ② 修改拼写错误的名称 ③ 将公式中的文本以英文双引号引起来 ④ 确认公式中使用的所有单元格区域引用中都使用了英文冒号
#N/A	单元格的函数或公式中没有可用数值	可以忽略或在这些单元格中输入"#N/A"，即公式在引用这些单元格时，将不进行数值计算，而是返回"#N/A"

续表

错误提示信息	产生原因	解决方法
#REF!	删除了由其他公式引用的单元格或将单元格粘贴到由其他公式引用的单元格中	更改公式或在删除或粘贴单元格之后，单击快速访问工具栏中的"撤销"按钮
#NULL!	使用了不正确的区域运算符或引用的单元格区域的交集为空	更改区域运算符使之正确，或更改引用的单元格区域使之相交
#NUM!	公式或函数中的某个数值出现错误	更正错误的数值

> **提示**
>
> 　　有些数据还需要注意逻辑错误的问题。例如，用户年龄300岁、消费金额-50元等不合理的数据；用户出生年份为2000年，但当前年龄却显示为10岁等自相矛盾的数据；要求只能购买1件商品，但购买数量却显示为5件等不符合规则的数据等。要发现这类数据，需要运营人员具备扎实的专业知识和行业敏感度，以及认真、细致的工作态度。

（3）重复值整理。如果采集的数据存在完全或部分重复的情况，可以利用Excel的条件格式、排序、函数与公式、数据透视表等功能筛选重复的数据，然后使用删除重复项、函数等功能删除重复数据。

2. 格式整理

采集到的数据往往格式不统一。例如，日期数据中有"2023年8月23日"的显示方式，也有"2023-8-23"的显示方式等，这时就需要将其整理成相同的显示方式，以提高数据质量。在Excel中，可以充分利用数据格式设置及查找和替换功能进行格式的整理。

（1）设置数据格式。选择需要统一数据格式的单元格区域，在【开始】/【数字】组中单击右下角的"展开"按钮，打开"设置单元格格式"对话框，在"数字"选项卡的"分类"列表框中选择数据类型，此处选择"货币"选项，然后在右侧的界面中进一步设置所选数据类型的格式，如图1-18所示，完成后单击 确定 按钮。

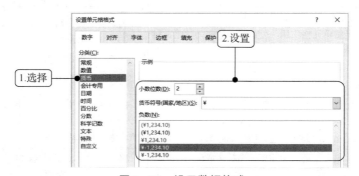

图1-18　设置数据格式

（2）查找和替换数据。若需要统一的内容不是某种数据格式，则可利用查找和替换功能进行统一修改。例如，需要将"已 付 货 款"统一为"已付货款"，则可在【开始】/【编辑】组中单击"查找和选择"按钮 🔍 ，在弹出的下拉列表中选择"替换"选项，或直接按【Ctrl+H】组合键，打开"查找和替换"对话框，在"替换"选项卡的"查找内容"下拉列表框中输入"已 付 货 款"，在"替换为"下拉列表框中输入"已付货款"，然后单击 全部替换(A) 按钮，如图1-19所示。

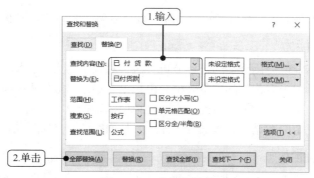

图 1-19　查找和替换

（二）数据加工

数据加工是指整理完采集的数据后，为了便于后期分析工作的开展，在 Excel 中对数据进行计算、排列、筛选、汇总、转化、分组、合并等操作。需要注意的是，数据是否需要加工，应该按照后期数据分析的需求来决定，并不是必须执行的。

（1）计算数据。如果数据分析时需要的数据源是通过采集的数据计算而来的，则可利用 Excel 的公式和函数进行计算加工。无论是公式还是函数，在 Excel 中都需要先输入"="，以区别于其他普通数据。其中，公式可以由常量、运算符、单元格引用、函数等对象组成；函数则是具有某种语法格式的特殊公式，如 SUM 函数就是数学和三角函数的结合，它可以将数值相加。

（2）排列数据。排列数据是指按照某个规则将采集到的数据进行排序，如采集的是产品的交易数据，则可以以销售额为排列规则，按从高到低的顺序进行排列。

（3）筛选数据。筛选数据是指按指定的条件，将不符合条件的数据隐藏起来，表格中暂时显示所有符合条件的数据。在 Excel 中，可以执行自动筛选、高级筛选等多种筛选操作。

（4）数据汇总。数据汇总是指将同类的数据进行汇总处理，统计其总和、平均数、数量、最大值、最小值等。在 Excel 中，可以通过分类汇总功能实现对数据的分类和汇总操作。

（5）数据转化。数据转化是指将数据从一种表现形式转变为另一种表现形式。例如，转化表格的行列结构，将一列数据拆分为多列等。

（6）数据分组。数据分组是指根据统计研究的需要，将原始数据按照某种标准分组。例如，采集的是产品的交易数据，可以按照产品的品类、产品的销售月份等进行分组。

（7）数据合并。数据合并是指将某几个数据字段合并成一个新的字段，此时可以使用CONCATENATE 函数、连接符"&"、DATE 函数进行字段合并操作。例如，采集到的产品列表信息中，若单价的数值和金额符号分别存于不同字段，则可以使用合并功能将其显示在同一字段中。

三、数据化运营所需的技能

数据化运营需要经历数据处理、数据整合、数据分析、数据展现等过程。因此，作为一名合格的运营人员，需要具备数据处理能力、数据分析能力、数据呈现能力和数据决策能力 4 种基础能力。

（一）数据处理能力

数据处理能力是指合理收集、整理、描述、分析所获得的数据，从中提取出有价值的信息，并最终做出合理推测的能力。具备数据处理能力即具备数据获取、数据存储与数据预处理的能力。

（二）数据分析能力

数据分析能力是指能够使用合适的统计分析方法，对收集的大量且复杂的数据加以汇总、理解并消化，然后从中抽取出有价值的信息并推导出结论，最终对数据做出进一步研究和概括、总结的能力。从运营层面来说，数据分析能力主要是指通过数据思维，把业务问题转化成不同类型的数据指标，并运用一定的数据分析方法分析业务，从而有效、系统地解决问题。

（三）数据呈现能力

数据呈现能力是指借助数据呈现工具（如 Power BI 等），运用表格、图表、图形等方式，将业务信息与决策方案清晰、明确地展现出来的能力。其中，用图表方式呈现数据是较直接且常用的方法，常见的图表类型包括条形图、柱形图、面积图、饼图、折线图、金字塔图等，如图 1-20 所示。此时运营人员需要根据不同的图表关系选择合适的图表来明确表达数据信息，表 1-6 所示为 Excel 中部分图表关系及选择策略。

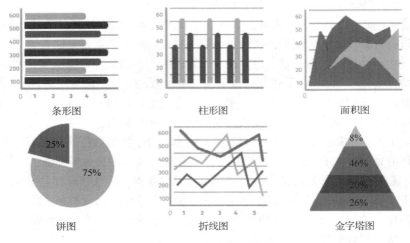

图 1-20　常见图表类型

表 1-6　　　　　　　　　　　　　Excel 中部分图表关系及选择策略

部分图表关系	选择策略
成分关系	成分关系是指整体与部分的关系，一般选择用饼图表示，也可以用柱形图、条形图等表示
排序关系	排序关系是指根据需要比较数据大小，将数据按照一定的顺序进行排列，一般选择用柱形图、条形图、气泡图等表示
时间序列关系	时间序列关系表示将同一统计指标的数值按发生的时间先后顺序或趋势进行排列，一般选择用折线图表示
多重数据比较关系	多重数据比较关系是指将数据类型多于 2 个的数据进行分析比较，一般选择用雷达图表示
相关关系	相关关系是指一类数据随着另一类数据有规律地变化，一般选择用柱形图、条形图、散点图和气泡图表示

知识拓展

　　Power BI 是一款商业智能分析软件，它支持数百种数据源，支持直接从网页中抓取数据，可以用来创建交互式报表和仪表板，能够让复杂、繁多的数据变得生动美观。图 1-21 所示为使用 Power BI 创建的销售数据分析可视化图表。

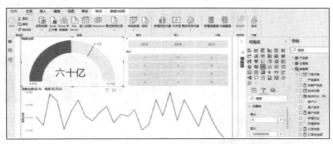

图 1-21　使用 Power BI 创建的销售数据分析可视化图表

（四）数据决策能力

　　数据决策能力是指能基于数据进行科学决策，进而让数据产生价值的能力。具备数据决策能力不仅能快速响应外界的变化，而且能够对外界变化数据与大量历史数据一起进行深度分析，并能及时从相关的数据中搜索、挖掘出数据的潜在价值，以满足特定时间、地点、场景的需求，最终为业务需求提供解决方案。

素养小课堂

　　要想成为一名优秀的运营人员，熟练掌握相关工具和技能是基本前提。此外，学习需要从被动变为主动，主动学习不仅可以体会到学习的乐趣，而且能快速增长知识，完善知识体系。

任务实施

任务演练 1：使用集搜客采集咖啡数据

【任务目标】

　　在 KK 旗舰店的主要销售渠道——京东商城中搜索速溶咖啡，使用集搜客采集搜索结果页面的信息，从中获得速溶咖啡在京东商城中的搜索数据，然后将数据下载到计算机中，以备后续分析之用。

【任务要求】

　　本次任务的具体要求如表 1-7 所示。

表 1-7　　　　　　　　　　　　　　　　　　　　　　任务要求

任务编号	任务名称	任务指导
（1）	输入采集网址	在集搜客"快速采集"页面的"网址"文本框中输入采集网址，让软件自动识别并采集京东商城中搜索到的咖啡数据
（2）	下载采集数据	将采集后的数据下载并保存为 Excel 文件

【操作过程】

（1）获取并复制需采集数据的网址。通过浏览器访问需要采集数据的网页，这里在京东商城中搜索"速溶咖啡"，打开搜索结果页面，然后选择网页地址栏中的网址，按【Ctrl+C】组合键复制网址。

（2）登录会员中心。双击计算机桌面上的数据管家图标 ，进入集搜客后，单击左下角的 按钮，在打开的对话框中输入账号和密码，单击 按钮，如图1-22所示。

图1-22　登录集搜客

（3）新建采集任务。进入集搜客首页，单击右下角的 快捷采集 按钮，打开"快捷采集"页面。在"网站"栏中单击 更多 按钮，在展开的列表中选择"京东"选项，然后在"页面"栏中选择"京东商品搜索列表"选项，如图1-23所示。

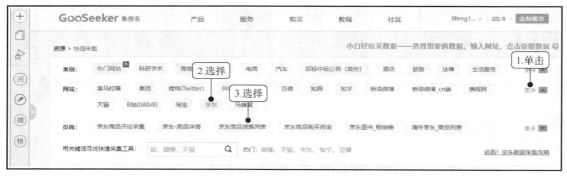

图1-23　新建采集任务

（4）输入采集网址。在页面下方的"网址"文本框中按【Ctrl+V】组合键粘贴第（1）步中复制的网址，然后单击 获取数据 按钮，如图1-24所示。集搜客默认只获取1页的数据信息，如果想获取更多的数据信息，可以在"网址"文本框右侧的"页数"下拉列表中进行选择。

图1-24　输入采集网址

（5）打包数据。此时集搜客将访问该网页，并自动识别网页中的数据，待显示"结束状态"选项卡后，单击"快捷采集"选项卡，打开的页面中显示了快捷采集的相关信息，这里单击第一项采集任务对应的 打包 按钮，如图 1-25 所示，会打开提示对话框。

图 1-25　打包数据

（6）设置打包数据的条数。打开的提示对话框提示本次采集的数据可以打包的条数，根据实际需求输入具体的数字，这里输入"40"，然后单击 打包 按钮，如图 1-26 所示。

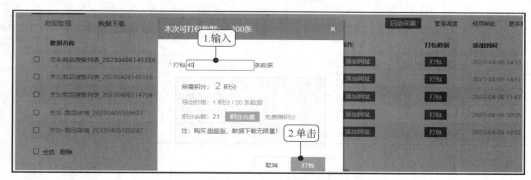

图 1-26　设置打包数据的条数

（7）下载采集数据。打开"快捷采集"页面中的"数据下载"选项卡，单击 下载 按钮，如图 1-27 所示。在打开的对话框中保持文件名和保存位置不变，单击 保存(S) 按钮，即可将采集的数据以 Excel 文件的形式保存到计算机中（配套资源：\效果文件\项目一\任务二\京东商城速溶咖啡数据.xlsx）。

图 1-27　下载采集的数据

 提示

通过集搜客采集的网页数据，最终将以压缩文件的形式下载到计算机中，若要使用采集到的数据，需要先将其解压。

👥**技能练习**

尝试使用八爪鱼采集器采集在京东商城中搜索到的咖啡产品列表信息，然后比较两种不同采集工具所采集到的数据是否存在差异，以及哪一种工具采集的数据更加准确。

☕ 任务演练2：利用 Excel 处理采集的数据

【任务目标】

在 Excel 中观察咖啡产品数据，找到无用字段后将其删除；然后对字段进行重命名，并查找和替换文本；最后将数据按"商品价格"排序，便于后续处理数据。

【任务要求】

本次任务的具体要求如表 1-8 所示。

表 1-8　　　　　　　　　　　　　　　　任务要求

任务编号	任务名称	任务指导
（1）	删除无用字段	删除表格中的"recordid""<fullpath>""<realpath>""<pageno>"等 4 个无用字段
（2）	重命名字段	将"<createdate>"字段重命名为"采集日期"
（3）	查找和替换数据	通过查找和替换功能修改表格中混杂的英文品牌名、重复名称等，包括将"catfour"替换为"蓝山"，"catfour 蓝山"替换为"蓝山"，"西贡（SAGOCOFFEE）"替换为"西贡"，"旧街场（OLDTOWN）"替换为"旧街场"等
（4）	排序表格数据	将数据按"商品价格"字段升序排列

【操作过程】

（1）解压采集的数据。在计算机中打开保存采集数据的文件夹，然后双击压缩文件，在打开的窗口中单击"解压到"按钮📁，打开"解压路径和选项"对话框，单击 确定 按钮，将文件解压到指定位置。

（2）删除无用字段。双击解压后的文件，打开采集的产品数据表格，发现表格中前 4 列数据无用，可以删除。选择 A 列至 D 列单元格，在【开始】/【单元格】组中单击"删除"按钮🗑，如图 1-28 所示。

（3）重命名字段。继续观察剩余数据，发现 A 列字段名称为英文，其余字段的名称均为中文，为了统一，需要将英文名称更改为中文名称。选择 A1 单元格，输入文本"采集日期"，然后按【Enter】键，如图 1-29 所示。

> **微课视频**
>
> 利用 Excel 处理采集的数据

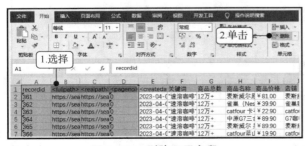

图 1-28　删除无用字段

图 1-29　重命名字段

（4）查找和替换数据。继续观察表格中的数据，发现部分品牌名中英文混杂、名称重复。在【开始】/【编辑】组中单击"查找和选择"按钮 🔍，在打开的下拉列表中选择"替换"选项，打开"查找和替换"对话框，将"旧街场（OLDTOWN）"替换为"旧街场"，"雀巢（Nestle）"替换为"雀巢"，"catfour"替换为"蓝山"，"catfour 蓝山"替换为"蓝山"，"西贡（SAGOCOFFEE）"替换为"西贡"，"星巴克（Starbucks）"替换为"星巴克"，""速溶咖啡""替换为"速溶咖啡"等，如图 1-30 所示。

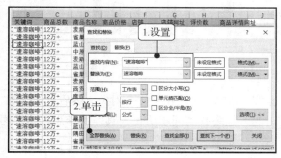

图 1-30　查找和替换数据

（5）排序表格数据。按【Ctrl+H】组合键，打开"查找和替换"对话框，在"替换"选项卡的"查找内容"文本框中输入"￥"符号，然后单击 全部替换(A) 按钮，将"商品价格"字段中的"￥"符号删除。选择 E 列中的任意单元格，在【数据】/【排序和筛选】组中单击"升序"按钮 ↓，如图 1-31 所示，将数据按"商品价格"从低到高进行排列。

（6）自动调整单元格列宽。按【Ctrl+A】组合键全选表格内容，然后在【开始】/【单元格】组中单击"格式"按钮 ⯐，在打开的下拉列表中选择"单元格大小"/"自动调整列宽"选项，如图 1-32 所示，此时单元格中隐藏的数据内容将全部显示出来（配套资源:\效果文件\项目一\任务二处理后京东商城速溶咖啡数据.xlsx）。

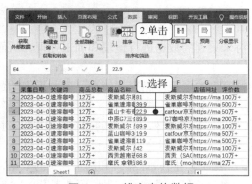
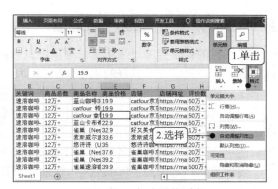

图 1-31　排序表格数据　　　　　　　　图 1-32　自动调整列宽

 综合实训

实训一　分析店铺销售额数据

实训目的: 学会针对不同的数据类型选择适当的数据化运营思路，从而达到事半功倍的效果。

实训要求：使用数据化运营基本思路中的分解思路分析店铺销售额数据（配套资源：\素材文件\项目一\综合实训\实训一\KK旗舰店咖啡销售额.xlsx），如图1-33所示，找出销售额下滑的原因。

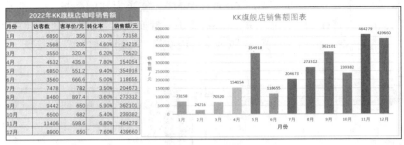

图1-33　实训素材

实训思路：本次实训首先把销售额分解为访客数、客单价、转化率3个对象，然后对访客数、客单价、转化率进行分解，逐步分析各项指标的情况，最终找到问题所在，具体操作思路可参考图1-34。

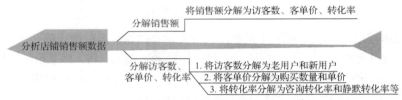

图1-34　分析店铺销售额数据的思路

实训结果：由图1-33可知，销售额最低的月份是2月，尽管该月的转化率达到4.60%，但访客数和客单价均相对较低，所以导致最终销售额最低，此时店铺应采取引流或提高商品价格的策略提高店铺销售额。

实训二　采集并处理产品数据

实训目的：学会通过采集工具采集网页数据，并对采集到的数据进行整理和加工处理，从而改善数据的质量，提升数据的使用价值。

实训要求：使用八爪鱼采集器在京东商城中采集搜索到的电视产品列表信息，需要采集的数据内容包括商品价格、商品名称、店铺名称、评价数等，然后清洗采集的数据，删除无用的字段，修改字段名称，同时调整单元格列宽，接着使用合并功能将A列和B列单元格的内容合并为一列，最后使用分列功能将商品名称字段数据分为3列。

实训思路：本次实训将采用八爪鱼采集器采集数据，然后使用Excel整理和加工采集的数据，涉及的操作包括数据内容、格式的调整，以及数据的合并和分列等，具体操作思路可参考图1-35。

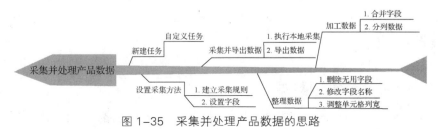

图1-35　采集并处理产品数据的思路

实训结果：采集的产品数据与处理后的产品数据分别如图 1-36 和图 1-37 所示（配套资源：\效果文件\项目一\综合实训\实训二\采集的产品数据.xlsx、处理后的产品数据.xlsx）。

1	字段1	字段2	字段3	字段4	字段5	字段6_文	字段6_链	字段7_文	字段7_链接
2	¥	3199.00	海信电视	【海信超	50万+条评	50万+	https://	海信京东	https://mall.jd.com/index-1000324421.html?from=pc
3	¥	2499.00	海信电视	【海信超	50万+条评	50万+	https://	海信京东	https://mall.jd.com/index-1000324421.html?from=pc
4	¥	799.00	酷开 创维	【创维巅	20万+条评	20万+	https://	创维电视	https://mall.jd.com/index-1000002826.html?from=pc
5	¥	1399.00	Vidda 海	【京东春	100万+条	100万+	https://	海信京东	https://mall.jd.com/index-1000324421.html?from=pc
6	¥	2999.00	小米电视	【小米电	100万+条	100万+	https://	小米京东	https://mall.jd.com/index-1000004123.html?from=pc
7	¥	849.00	Vidda 海	【京东春	100万+条	100万+	https://	海信京东	https://mall.jd.com/index-1000324421.html?from=pc
8	¥	6999.00	索尼（SO		5万+条评	5万+	https://	SONY京东	https://mall.jd.com/index-1000000921.html?from=pc
9	¥	999.00	创维电视	【创维电	20万+条评	20万+	https://	创维电视	https://mall.jd.com/index-1000002826.html?from=pc
10	¥	599.00	创维电视	【创维电	20万+条评	20万+	https://	创维电视	https://mall.jd.com/index-1000002826.html?from=pc
11	¥	569.00	酷开 创维	【创维巅	20万+条评	20万+	https://	创维电视	https://mall.jd.com/index-1000002826.html?from=pc
12	¥	599.00	Vidda 海	【京东春	100万+条	100万+	https://	海信京东	https://mall.jd.com/index-1000324421.html?from=pc
13	¥	1399.00	小米电视	【小米电	100万+条	100万+	https://	小米京东	https://mall.jd.com/index-1000004123.html?from=pc
14	¥	6999.00	索尼（SO		1万+条评	1万+	https://	SONY京东	https://mall.jd.com/index-1000000921.html?from=pc
15	¥	2999.00	TCL电视	【MEMC防	20万+条评	20万+	https://	TCL京东	https://mall.jd.com/index-1000002816.html?from=pc
16	¥	2399.00	TCL电视	【120Hz疾	20万+条评	20万+	https://	TCL京东	https://mall.jd.com/index-1000002816.html?from=pc
17	¥	6999.00	海信电视	【S+定制	10万+条评	10万+	https://	海信京东	https://mall.jd.com/index-1000324421.html?from=pc
18	¥	1169.00	酷开创维	【创维巅	20万+条评	20万+	https://	创维电视	https://mall.jd.com/index-1000002826.html?from=pc
19	¥	849.00	小米电视	【小米电	100万+条	100万+	https://	小米京东	https://mall.jd.com/index-1000004123.html?from=pc
20	¥	4499.00	康佳KKTV		200+条评	200+	https://	康佳官方	https://mall.jd.com/index-722861.html?from=pc
21	¥	3499.00	TCL电视	【120Hz疾	2万+条评	2万+	https://	TCL京东	https://mall.jd.com/index-1000002816.html?from=pc
22	¥	5799.00	海信电视	【新品上	50万+条评	50万+	https://	海信京东	https://mall.jd.com/index-1000324421.html?from=pc
23	¥	4199.00	海信电视	【新品上	50万+条评	50万+	https://	海信京东	https://mall.jd.com/index-1000324421.html?from=pc

图 1-36 采集的产品数据

	A	B	C	D	E	F	G	H
1	商品价格	商品名称	商品特点	商品类型	评价数	商品详情页链接	店铺名称	店铺详情页链接
2	¥3,199.00	海信电视75E3F75英	4KHDR智慧屏MEMC防抖超薄	16GB以旧换新	50万+	https://item.jd.com/1000	海信京东自营旗舰店	https://mall.jd.com/index-1000324421.html?from=pc
3	¥2,499.00	海信电视65E3H65英	4K超高清悬浮全面屏远场	视机以旧换新	50万+	https://item.jd.com/1000	海信京东自营旗舰店	https://mall.jd.com/index-1000324421.html?from=pc
4	¥799.00	酷开创维电视P3143	寸全高清超薄金属全面屏	旧换新43P31	20万+	https://item.jd.com/1000	创维电视京东自营旗舰店	https://mall.jd.com/index-1000002826.html?from=pc
5	¥1,399.00	Vidda海信R5555英寸	高清超薄电视全面屏电视	换新55V1F-R	100万+	https://item.jd.com/1000	海信京东自营旗舰店	https://mall.jd.com/index-1000324421.html?from=pc
6	¥2,999.00	小米电视EA7575英寸	属全面屏远场语音逐台校	以旧换新	100万+	https://item.jd.com/1000	小米京东自营旗舰店	https://mall.jd.com/index-1000004123.html?from=pc
7	¥849.00	Vidda海信R4343英寸	高清超薄全面屏电视智慧	新43V1F-R	100万+	https://item.jd.com/1000	海信京东自营旗舰店	https://mall.jd.com/index-1000324421.html?from=pc
8	¥999.00	创维电视43H3电视机	3英寸金属全景屏 光学防蓝	光全高清画质手	20万+	https://item.jd.com/1000	创维电视京东自营旗舰店	https://mall.jd.com/index-1000002826.html?from=pc
9	¥599.00	创维电视32X3电视机	2英寸窄边薄款蓝光高清节	能液晶性价比之	20万+	https://item.jd.com/1454	创维电视京东自营旗舰店	https://mall.jd.com/index-1000002826.html?from=pc
10	¥569.00	酷开创维电视P3132	寸高清超薄液晶电视光学	以旧换新32P31	20万+	https://item.jd.com/1000	创维电视京东自营旗舰店	https://mall.jd.com/index-1000002826.html?from=pc
11	¥599.00	Vidda海信R3232英寸	清全面屏电视智慧屏1G+8	32V1F-R	100万+	https://item.jd.com/1000	海信京东自营旗舰店	https://mall.jd.com/index-1000324421.html?from=pc
12	¥1,399.00	小米电视EA5555英寸	属全面屏远场语音逐台校	以旧换新	100万+	https://item.jd.com/1000	小米京东自营旗舰店	https://mall.jd.com/index-1000004123.html?from=pc
13	¥2,999.00	TCL电视75V6D75英寸	+32GB大存储AI声控超薄全	视机	20万+	https://item.jd.com/1000	TCL京东自营官方旗舰店	https://mall.jd.com/index-1000002816.html?from=pc
14	¥2,399.00	TCL电视65V8E65英寸	K超高清120Hz防抖130%高	以旧换新	20万+	https://item.jd.com/1000	TCL京东自营官方旗舰店	https://mall.jd.com/index-1000002816.html?from=pc
15	¥6,999.00	海信电视65D65K启明	Ⅱ120Hz疾速刷新2.1声道	清全能投屏	10万+	https://item.jd.com/1000	海信京东自营旗舰店	https://mall.jd.com/index-1000324421.html?from=pc
16	¥1,169.00	酷开创维电视J350英	4K超高清智慧屏超薄液晶	视机55以旧换新	20万+	https://item.jd.com/1000	创维电视京东自营旗舰店	https://mall.jd.com/index-1000002826.html?from=pc
17	¥849.00	小米电视EA4343英寸	属全面屏蓝牙语音全高清	旧换新	100万+	https://item.jd.com/1000	小米京东自营旗舰店	https://mall.jd.com/index-1000004123.html?from=pc
18	¥3,499.00	TCL电视75V8E75英寸	K超高清120Hz防抖130%高	京东小家	2万+	https://item.jd.com/1000	TCL京东自营官方旗舰店	https://mall.jd.com/index-1000002816.html?from=pc
19	¥5,799.00	海信电视75E5K75英	ULED220分区144Hz4+64GB	板游戏电视机	50万+	https://item.jd.com/1000	海信京东自营旗舰店	https://mall.jd.com/index-1000324421.html?from=pc
20	¥4,199.00	海信电视65E5K65英	ULED160分区144Hz4+64GB	板游戏电视机	50万+	https://item.jd.com/1000	海信京东自营旗舰店	https://mall.jd.com/index-1000324421.html?from=pc
21	¥2,029.00	小米电视EA7070英寸	属全面屏远场语音逐台校	换新	100万+	https://item.jd.com/1000	小米京东自营旗舰店	https://mall.jd.com/index-1000004123.html?from=pc
22	¥1,999.00	小米电视EA6565英寸	属全面屏远场语音逐台校	以旧换新	100万+	https://item.jd.com/1000	小米京东自营旗舰店	https://mall.jd.com/index-1000004123.html?from=pc
23	¥2,349.00	Vidda海信S65Pro65	寸120Hz高刷4K超薄全面屏	换新65V1K-S	100万+	https://item.jd.com/1000	海信京东自营旗舰店	https://mall.jd.com/index-1000324421.html?from=pc

图 1-37 处理后的产品数据

巩固提高

1. 数据化运营的意义是什么？
2. 数据化运营的主要内容有哪些？
3. 数据化运营的基本思路有哪些？
4. 数据化运营应具备的技能有哪些？
5. 简述数据化运营的业务流程。
6. 如果需要采集 BOSS 直聘网站中数据运营员专员搜索列表页的前 5 页招聘公司、法人代表、招聘职位和月薪等数据，应该如何利用八爪鱼采集器进行手动采集？
7. 针对采集的招聘数据，将其导出为 Excel 文件，并对数据进行整理和加工。

项目二
市场与行业数据分析

学习目标

【知识目标】

（1）了解市场行情分析的内容。

（2）掌握市场容量分析、市场趋势分析、行业集中度分析、市场稳定性分析的方法。

（3）掌握界定和选择竞争对手的方法。

（4）掌握获取竞争对手数据并数据化分析竞争对手的方法。

【技能目标】

（1）能够全方位利用各种方法了解市场和行业的情况。

（2）能够找准企业在行业中的定位，改善资源配置，扬长避短。

（3）能够根据企业自身情况界定和选择企业竞争对手。

（4）能够灵活运用相关方法分析竞争对手的数据，进而优化策略。

【素养目标】

企业在开展市场与行业数据分析时，必须遵守相关的法律法规和行业准则。同时，分析市场竞争对手的数据时也必须实事求是，尊重客观实际，切忌以臆造代替科学的分析。

项目导读

企业要想在激烈的市场竞争中站稳脚跟，需要不断加强自身实力并发挥优势，而行业市场分析正是帮助企业了解竞争对手情况及自身发展状况的有效途径之一。KK 旗舰店为了在咖啡市场中占有一席之地，专门委托荣邦公司对咖啡市场的发展趋势进行分析，以此找准店铺在行业中的定位，并了解与竞争对手的差距，以便根据自身情况制定合适的竞争策略。老李将咖啡市场行情分析工作安排给小赵，让小赵先分析市场主要数据，包括市场容量与市场趋势等，然后再选择和获取竞争对手的数据，最后对竞争对手数据进行数据化分析。

任务一　市场行情分析

任务描述

小赵接到老李安排的任务后，便仔细回顾了有关市场行情分析的理论知识，包括市场行情分析的内容、市场容量分析、市场趋势分析、行业集中度分析、市场稳定性分析等，然后将咖啡市场行情分析工作分为 3 个部分，并将具体内容填写到任务单（见表 2-1）中。

表 2-1   任务单

任务名称	分析咖啡市场行情	
任务背景	KK 旗舰店为了在咖啡市场中占有一席之地，准备对咖啡市场的市场规模、市场发展趋势、行业集中度等主要数据进行深入分析，以便为日后的咖啡市场拓展提供参考依据	
任务类别	☐采集数据　■处理数据　■分析数据　☐制订报告/计划	
所需素材	配套资源:\素材文件\项目二\任务一\咖啡液销售数据表.xlsx、咖啡行业集中度.xlsx	
工作任务		
任务内容		**任务说明**
任务演练1：分析咖啡液市场规模		① 将 Excel 文件中的数据进行可视化处理 ② 根据图表分析咖啡液市场规模
任务演练2：分析咖啡市场发展趋势		① 在网页中搜索行业研究报告，并将报告内容进行可视化处理 ② 根据图表分析咖啡市场发展趋势
任务演练3：分析咖啡行业的集中度		① 计算市场份额、市场份额平方值 ② 根据市场集中度指数分析咖啡行业集中度
任务总结：		

知识准备

一、市场行情分析的内容

市场行情分析是对市场行情的研究和解读，能够帮助企业更好地了解市场的供求关系、价格波动、发展趋势等重要信息。为了使企业在竞争中处于有利地位，企业需要认真地调查、研究和分析市场行情。市场行情分析的内容主要包括市场容量、市场趋势、行业集中度、市场稳定性等。

（一）市场容量

市场容量通常也称为市场规模，是指在不考虑商品价格或供应商的前提下，市场在一定时期内能够吸纳某种商品或服务的单位数目。市场容量主要研究目标商品或行业的整体规模，包括目标商品或行业在指定时间内的产量、产值等。一般而言，市场容量越大，可以容纳的企业数量就越多，企业的发展空间也就越大。

（二）市场趋势

市场趋势是指在特定的市场环境和时间段内，市场的需求或某些商品的销售量是逐渐增加还是减少。影响市场趋势的主要因素有用户需求变化、用户价值观转变、行业成本驱动等。

（三）行业集中度

行业集中度又称为市场集中度，是整个行业的市场结构集中程度的测量指标。行业集中度反映了行业的饱和度、垄断程度，一般使用行业集中率（CR_n 指数）表示。行业集中率是指某行业的相关市场内前 n 家最大的企业所占市场份额的总和。例如，CR_4 指数表示最大的 4 个企业占有该相关市场的份额。一般来说，行业集中度 $CR_4 < 30$ 或 $CR_8 < 40$，则该行业为竞争型，竞争型行

业的垄断程度低，利润也低；如果 $CR_4 \geq 30$ 或 $CR_8 \geq 40$，则该行业为寡占型，寡占型行业的竞争力小、垄断程度高。

除此之外，市场集中度指数（Herfindahl-Hirschman Index，HHI）也是分析行业集中度的一个重要指标，但该指标需要获取竞争对手的市场份额。市场集中度指数的计算方法及步骤如下。

（1）获取竞争对手的市场份额（可忽略市场份额较小的竞争对手）。

（2）计算市场份额平方值。

（3）将竞争对手的市场份额平方值相加。

假设某一行业由 4 家企业占据市场，各家企业的市场份额分别为 0.4、0.25、0.17 和 0.18，那么这一行业的市场集中度指数 = 0.4×0.4+0.25×0.25+0.17×0.17+0.18×0.18 = 0.283 8。

市场集中度指数越大，表明行业集中度越高；市场集中度指数越小，表明行业集中度越低，趋于自由竞争。

（四）市场稳定性

市场稳定性是指当需求、价格等因素偏离均衡情况后市场恢复为原来的均衡状态的能力。例如，在单个市场中，消费者行为的变化对已经建立起来的均衡会产生干扰，使实际价格偏离均衡价格，因此将引发市场的调整，如果市场经过调整能恢复到原来的均衡状态，则说明这个市场是稳定的。分析市场稳定性时，可以利用波动系数和极差这两个指标。

（1）波动系数。波动系数一般用于体现市场的风险偏好或风险承受能力，其计算公式如下。

$$波动系数 = 标准差 \div 平均值$$

其中，标准差用来反映数据集的离散程度，也可以理解为数据之间的距离。波动系数大，说明市场稳定性低；波动系数小，则说明市场稳定性高。

（2）极差。极差是指一组数据中的最大值与最小值的差，它用来表示统计资料中的最大值与最小值的差距，其计算公式如下。

$$极差 = 最大值 - 最小值$$

图 2-1 所示为服装行业中连衣裙与毛绒裤近 12 个月的交易指数，由图可知毛绒裤的波动系数大于连衣裙的波动系数，说明毛绒裤的市场稳定性低，进入该市场的可能性相对较高。

月份	连衣裙交易指数	毛绒裤交易指数
1月	3100	25468
2月	2509	19465
3月	4500	6587
4月	11560	3546
5月	15653	2500
6月	19886	2012
7月	25400	1356
8月	28787	3214
9月	23540	5025
10月	15452	9564
11月	6542	13587
12月	4521	14682
标准差	9381	7796
平均值	13454	8917
波动系数	0.7	0.87

图 2-1　服装行业中连衣裙与毛绒裤近 12 个月的交易指数

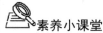
素养小课堂

运营人员在进行市场分析时，首先要明白市场分析的重要性，并对要进入的行业现状有清晰的认识。此外，在分析时秉持实事求是的职业态度。

二、市场容量分析

分析市场容量可以帮助店铺预测未来的发展空间，从而为日后运营计划的制订奠定基础。分析市场容量时，运营人员可以借助各种工具，如生意参谋或京东商智等。下面以生意参谋为例，采集女装/女士精品行业的交易指数并进行市场容量分析。

（1）进入生意参谋，单击"市场"选项卡，选择"供给洞察"栏下的"市场大盘"选项，然后在右侧页面设置行业和采集时间（一般以月为单位），如图 2-2 所示。

图 2-2　设置行业和采集时间

（2）选中页面下方"行业构成"栏目中除"操作"项目外的所有数据，按【Ctrl+C】组合键复制，然后新建 Excel 空白工作簿，按【Ctrl+V】组合键将复制的数据粘贴到表格中。按相同方法将女装行业下其他子行业的数据复制到表格中（需进入其他页面进行复制），最后手动建立"日期"列，如图 2-3 所示。

子行业	交易指数	交易增长幅度	支付金额较父行业占比	支付子订单数较父行业占比	日期
裤子	16,078,158	33.88%	9.43%	15.42%	5月
毛呢外套	15,759,702	177.65%	9.09%	3.26%	5月
毛针织衫	14,964,305	27.23%	8.26%	8.97%	5月
连衣裙	14,694,589	-22.46%	7.98%	6.62%	5月
毛衣	14,093,232	123.19%	7.39%	7.90%	5月
卫衣/绒衫	13,962,975	39.71%	7.26%	9.58%	5月
套装/学生校服/工作制服	12,531,188	-6.94%	5.95%	4.98%	5月
短外套	11,135,074	12.30%	4.78%	3.85%	5月
牛仔裤	10,863,198	-5.48%	4.57%	5.90%	5月
羽绒服	10,410,295	163.97%	4.22%	1.17%	5月
T恤	10,045,168	-18.76%	3.95%	8.79%	5月
半身裙	9,827,230	14.07%	3.79%	5.16%	5月

图 2-3　复制数据并建立"日期"列

（3）利用 Excel 的数据透视图功能创建饼图，如图 2-4 所示。从图 2-4 中可以清晰了解女装所有子行业的市场容量占比，其中，连衣裙、裤子、T 恤等子行业的市场容量最大，分别为 16%、10%、7%；其次是套装/学生校服、毛呢外套、牛仔裤、毛针织衫、衬衫。

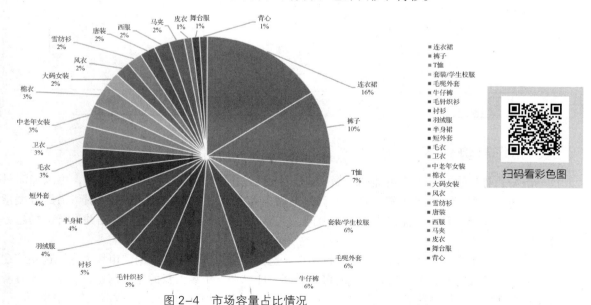

图 2-4　市场容量占比情况

需要注意的是，采集的近期数据越多，市场容量的结果就越接近实际情况。例如，商品1个月的市场容量数据受季节影响较大，那么1年的市场容量数据则可以规避这个问题。因此，商家可以采集近几年的数据进行分析，力求数据反映的结果更加真实。

⏰ 提示

就电商领域来说，判断某一商品的市场容量最简单的方式就是利用关键词。例如，需要判断行车记录仪的市场容量，可以直接在电商平台的搜索框中输入关键词"行车记录仪"，然后在搜索结果页面中按销量排名、价格区间等分析商品涵盖的页数，再结合收货数、评价数等参数，对该商品的市场容量进行估算。

📖 知识拓展

交易指数是指根据商品交易过程中的核心指标，如订单数、买家数、支付件数及支付金额等，进行综合计算得出的数值。交易指数越大，表明交易的热度越高，但不等同于交易金额越高。交易指数有多种获取渠道，一般情况下，可以通过百度指数或生意参谋中的"市场大盘"模块进行采集。图2-5所示为生意参谋的"市场大盘"模块中显示的男装/牛仔裤类目的交易指数。

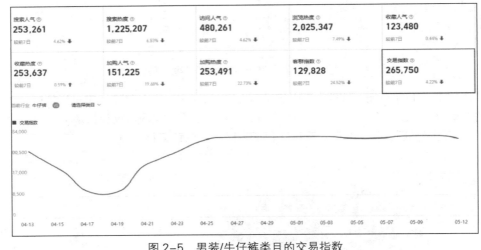

图2-5 男装/牛仔裤类目的交易指数

三、市场趋势分析

市场趋势代表市场未来可能的发展状态，企业通过分析市场趋势的相关数据，可以加深对市场环境和消费者偏好的了解，从而有计划地做出商业计划。市场趋势分析一般可借助百度指数、生意参谋等工具。下面以生意参谋为例，采集男装/牛仔裤类目的相关数据并进行市场趋势分析。

（1）进入生意参谋，单击"市场"选项卡，选择"供给洞察"栏下的"市场大盘"选项，在打开的页面设置行业和采集时间，此时可以看到对应周期下市场大盘的相关信息，这里主要查看行业趋势情况，包括当前类目及周期下的搜索人气、搜索热度、访问人气、收藏人气、加购人气、加购热度及交易指数等指标，如图 2-6 所示。

图 2-6 男装/牛仔裤类目的市场大盘数据

> **提示**
> 市场趋势分析尤其要注意信息的真实性、分析过程的系统性和决策的导向性。

（2）在男装/牛仔裤类目下，分别选择搜索人气、访问人气、交易指数（此处仅选择 3 个具有代表性的指标）近 3 年的年度数据，如表 2-2 所示。根据表格数据可知，男装/牛仔裤下这 3 个指标近 3 年总体呈波动式变化，也就意味着整体市场的关注度、访客量、成交规模总体呈下降趋势（单从交易指数看，2023 年的成交规模有所提高）。

表 2-2 男装/牛仔裤类目搜索人气、访问人气、交易指数近 3 年的年度数据

统计时间	搜索人气	访问人气	交易指数
2021 年	468 952	987 254	2 985 152
2022 年	368 750	568 261	1 666 735
2023 年	465 842	867 235	3 098 542

一般而言，市场趋势上涨，意味着市场需求量提高，是商家投入的较好时期；市场趋势表现平稳，意味着市场相对成熟，此时就需要商家根据自身情况投入；如果市场趋势下滑，则表明此类商品市场处于衰退期，商家此时投入需谨慎。

四、行业集中度分析

在分析行业集中度时，运营人员可以进入电商平台后台采集相应的数据。这里以淘宝为例，进入生意参谋，采集男装行业排名前 50 位的品牌的交易指数，然后通过交易指数拟合交易金额，随后计算出各自的市场份额（交易指数占比），并进一步完成行业集中度分析。

图 2-7 所示为生意参谋中男装/T 恤类目排名靠前的品牌的交易指数，然后将在电商平台中采集的数据整理到 Excel 中，再根据市场集中度指数完成行业集中度分析。

通过计算可知，男装/T 恤类目近 1 个月的市场集中度指数为 0.164 287 005，如图 2-8 所示。该数值小于 1，说明该行业集中度较低，并未被垄断，商家可以选择进入该行业。

图 2-7　生意参谋中男装/T 恤类目排名靠前的品牌的交易指数

	品牌	交易指数	市场份额	市场份额平方值	市场集中度
1					
2	PLAYBOY/花花公子	2105825	0.242118592	0.0586214125248	0.164287005
3	Tagkita/她及其他	1860152	0.21387218	0.0457413092640	
4	Romon/罗蒙	1506257	0.173182873	0.0299923075475	
5	Uniqlo/优★库	1478147	0.169950908	0.0288833110275	
6	伊纯路	57151	0.006570973	0.0000431776888	
7	南极人	32456	0.00373165	0.0000139252087	
8	Onoev	55853	0.006421735	0.0000412386780	
9	EGGKa	55028	0.00632688	0.0000400294093	
10	hacolynn	12578	0.001446164	0.0000020913894	
11	胡明明	125789	0.014462672	0.0002091688716	
12	曲爱婷	49474	0.005688305	0.0000323568156	
13	午后写生	46429	0.005338204	0.0000284964253	
14	PEACEBIRD/太平鸟	46192	0.005310955	0.0000282062439	
15	简蜜缇	44171	0.005078589	0.0000257920693	
16	ChisatoSukida/千里之爱	43884	0.005045591	0.0000254579915	
17	译熙	23568	0.002709746	0.0000073427236	
18	maje	12547	0.001442599	0.0000020810932	
19	姣兰花	42995	0.004943378	0.0000244369855	
20	RUMERE/戎美	42887	0.004930961	0.0000243143722	
21	xhange/笑涵阁	41811	0.004807247	0.0000231096216	

图 2-8　市场集中度指数

五、市场稳定性分析

市场稳定性与波动系数密切相关，对于实力较弱的商家而言，波动系数越大的市场，机会可能就越多；对于实力较强的商家而言，如果资源较好，则建议选择波动系数小的市场。

波动系数的缺点在于它与源数据的多少没有关系，千万级别的源数据和百位级别的源数据，计算出来的波动系数可能是一样的，但它们的量级则有较大差别。因此，可以进一步利用极差体现数据的量级。

这里以采集生意参谋中的数据为例，分析毛呢外套和羽绒服市场的稳定性。

（1）进入生意参谋，在"市场"选项卡下选择左侧列表中的"市场大盘"选项，设置要采集的行业和日期，然后将两个子行业（毛呢外套和羽绒服）的交易指数复制到 Excel 中。

（2）在 Excel 中适当整理采集的交易指数后，利用标准差函数 STDEV.P 计算毛呢外套交易指数的标准差（见图 2-9），然后单击 确定 按钮查看结果。按照相同的操作方法计算羽绒服交易指数的标准差。

（3）利用平均值函数 AVERAGE 计算毛呢外套和羽绒服交易指数的平均值，结果如图 2-10所示。

图 2-9　计算标准差　　　　　　　　　　　图 2-10　计算平均值

（4）计算毛呢外套和羽绒服交易指数的波动系数，结果如图 2-11 所示。

（5）由于波动系数差异较小，无法准确衡量数据的量级，因此需要进一步利用极差体现数据的量级，即利用交易指数中最大值与最小值的差额来体现，最终效果如图 2-12 所示。由图 2-12 可知，毛呢外套交易指数的极差比羽绒服的高，即前者的体量比后者的大。正常情况下，体量越大的行业，其波动系数也就越大。由此可知，毛呢外套市场的稳定性低于羽绒服市场的稳定性。

C16		fx	=C14/C15
	A	B	C
1	日期	毛呢外套	羽绒服
2	2022年8月	18,204,582	1,546,235
3	2022年9月	14,536,407	6,578,421
4	2022年10月	13,993,052	3,654,862
5	2022年11月	7,600,525	6,275,232
6	2022年12月	5,797,504	2,747,017
7	2023年1月	2,014,718	1,289,316
8	2023年2月	1,878,803	1,210,039
9	2023年3月	3,311,512	2,311,820
10	2023年4月	4,194,493	2,880,828
11	2023年5月	6,354,146	3,910,115
12	2023年6月	9,073,108	6,151,803
13	2023年7月	15,759,702	10,410,295
14	标准差:	5460872.95	2652383.05
15	平均值:	8559879.33	4080498.58
16	波动系数:	0.64	0.65
17	极差:		

图 2-11　计算波动系数

C17		fx	=MAX(C2:C13)-MIN(C2:C13)
	A	B	C
1	日期	毛呢外套	羽绒服
2	2022年8月	18,204,582	1,546,235
3	2022年9月	14,536,407	6,578,421
4	2022年10月	13,993,052	3,654,862
5	2022年11月	7,600,525	6,275,232
6	2022年12月	5,797,504	2,747,017
7	2023年1月	2,014,718	1,289,316
8	2023年2月	1,878,803	1,210,039
9	2023年3月	3,311,512	2,311,820
10	2023年4月	4,194,493	2,880,828
11	2023年5月	6,354,146	3,910,115
12	2023年6月	9,073,108	6,151,803
13	2023年7月	15,759,702	10,410,295
14	标准差:	5460872.95	2652383.05
15	平均值:	8559879.33	4080498.58
16	波动系数:	0.64	0.65
17	极差:	16325779.00	9200256.00

图 2-12　计算极差

知识拓展

市场潜力是在某种市场环境下，对市场需求所能达到的最大数值的测算。市场潜力也可用来分析市场行情。一般来说，市场潜力可以利用蛋糕指数进行分析，指数越高，市场潜力越大。蛋糕指数的计算公式为：

$$蛋糕指数=支付金额较父行业占比÷父行业卖家数占比$$

市场潜力可以分为以下 4 种情况。

（1）蛋糕指数大，市场容量小。分子小，如果结果大，分母必然很小。这种情况说明商家少，市场竞争很小，这种商品市场是否值得进入需要做进一步分析。如果增长趋势较大，那么可能是值得进入的。这说明该商品市场有可能是一个蓝海市场（未知的市场），早进入也许能抓住机遇。

（2）蛋糕指数大，市场容量大。这是典型的蓝海市场的特征。这往往代表市场是值得进入的，因为需求大的同时竞争小。

（3）蛋糕指数小，市场容量大。这说明市场竞争非常大，商家是否要进入这个市场，就要看有没有这方面的优势和资源。如果有且能在竞争中占据一定的优势，则值得进入；如果没有，"蛋糕"再大，也未必能抢到。

（4）蛋糕指数小，市场容量小。如果市场竞争大，说明很多人在争抢很小的份额。这种情况一般是那种突然爆发又很快消失的市场。这种市场不值得进入。如果竞争小，商家则可以适时观望，观察行业趋势以做进一步分析。

任务实施

任务演练 1：分析咖啡液市场规模

【任务目标】

查看专业数据统计机构或专业媒体发布的咖啡液市场规模的相关数据，通过处理与分析数据，帮助 KK 旗舰店判断现在是否是进入该市场的有利时机。

【任务要求】

本次任务的具体要求如表 2-3 所示。

表 2-3　　　　　　　　　　　　　　　　任务要求

任务名称	任务指导
（1）可视化展示数据	查看提供的数据，并将数据进行可视化展示
（2）分析咖啡液市场规模	根据可视化图表，分析咖啡液市场规模

【操作过程】

1. 可视化展示数据

小赵在网络中搜索到咖啡液市场规模的相关数据后，将其以 Excel 文件的形式保存到计算机中。为了便于分析市场规模和增长率，下面将以组合图的方式直观展示市场规模和增长率数据，具体操作如下。

（1）计算 2020 年增长率。打开"咖啡液销售数据表.xlsx"工作簿，由于增长率=（本期数据－上期数据）/上期数据，选择 C4 单元格，输入公式"=(B4-B3)/B3"，如图 2-13 所示，按【Enter】键查看计算结果。

微课视频

可视化展示数据

图 2-13　计算 2020 年增长率

（2）计算其他年份的增长率。再次选择 C4 单元格，按【Ctrl+C】组合键复制公式，然后选择 C5 单元格，按【Ctrl+V】组合键粘贴复制的公式，利用 Excel 的单元格引用计算出 2021 年的增长率，如图 2-14 所示。按照相同的操作方法，将公式复制到 C6 和 C7 单元格中，得到 2022 年和 2023 年的增长率。

图 2-14　计算其他年份的增长率

⏰ **提示**

在 Excel 中，还可以通过拖动含公式的单元格右下角的填充柄+快捷填充公式。例如，在图 2-13 中，向下拖动 C4 单元格右下角的填充柄+至 C7 单元格后，可以快速将 C4 单元格中的公式复制到 C5:C7 单元格区域。

（3）插入图表。按【Esc】键取消公式的复制状态后，选择 A2:C7 单元格区域，在【插入】/【图表】组中单击"插入组合图"按钮 📊，然后在打开的下拉列表中选择"创建自定义组合图"选项，打开"插入图表"对话框，在"所有图表"选项卡中选中"增长率"对应的"次坐标轴"复选框，如图 2-15 所示，最后单击 确定 按钮。

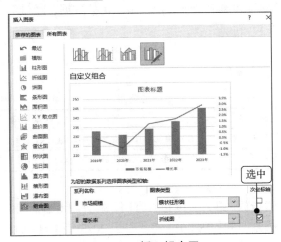

图 2-15　插入组合图

（4）编辑图表。返回工作表，选择组合图中的图表标题，将标题名称更改为"咖啡液市场规模"，然后选择图表中的柱形图，在【图表工具 设计】/【图表布局】组中单击"添加图表元素"

按钮▋▋，在打开的下拉列表中选择"数据标签"/"数据标签外"选项，再次单击"添加图表元素"按钮，在打开的下拉列表中选择"轴标题"/"主要横坐标轴"选项，修改其内容为"年份"，使用相同的方法添加主要纵坐标轴和次要纵坐标轴，依次修改内容为"市场规模/亿元""增长率"。最后拖动图表的任意一个控制点○，适当放大图表，效果如图 2-16 所示（配套资源：\效果文件\项目二\任务一\咖啡液销售数据表.xlsx）。

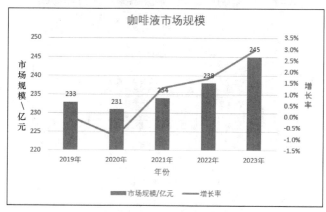

图 2-16　图表效果

2. 分析咖啡液市场规模

小赵将咖啡液市场规模数据通过柱形图和折线图相结合的方式，直观地进行展示。通过图表，小赵发现在 2019—2023 年，咖啡液市场规模从 2021 年开始稳步上升，且增长速度较快，按照这种市场规模，进入此行业是不错的选择，所以 KK 旗舰店考虑进入咖啡液市场是可行的。

🍵任务演练 2：分析咖啡市场发展趋势

【任务目标】

利用百度指数查看黑咖啡和速溶咖啡的搜索指数走势数据，通过对比分析搜索指数，了解咖啡市场近几年的发展趋势。

【任务要求】

本次任务的具体要求如表 2-4 所示。

表 2-4　　　　　　　　　　　　　　　　任务要求

任务编号	任务名称	任务指导
（1）	查看咖啡市场搜索指数	在百度指数中查看黑咖啡和速溶咖啡市场的搜索指数
（2）	分析咖啡市场发展趋势	抽取同一时间段的数据在 Excel 中利用图表进行可视化分析

【操作过程】

（1）查看咖啡市场搜索指数。进入百度指数官网，添加"黑咖啡"和"速溶咖啡"关键词，并设置搜索时间段为 2012 年 5 月至 2023 年 1 月，此时可看到该时间段这两个关键词的搜索指数曲线图，如图 2-17 所示。由图 2-17 可知，2012—2023 年，这两个关键词的指数曲线都呈稳步上升趋势，即网络搜索热度不断上升，也意味着咖啡行业需求在持续增加。

微课视频

分析咖啡市场发展趋势

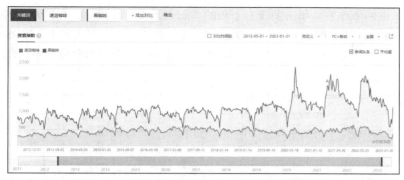

扫码看彩色图

图 2-17　黑咖啡、速溶咖啡百度搜索指数曲线图

（2）提取数据。根据曲线图，在百度指数中选择不同年份的 1 月份的几个近乎相同时间段的搜索指数并整理到 Excel 中，效果如图 2-18 所示。

（3）创建数据透视图。选择工作表中包含数据的任意一个单元格，单击【插入】/【图表】组中的"数据透视图"按钮，打开"创建数据透视图"对话框，选中"现有工作表"单选项，如图 2-19 所示，在工作表中单击 A7 单元格，确认创建位置，最后单击 确定 按钮。

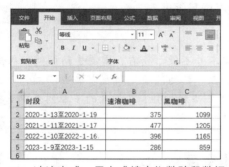
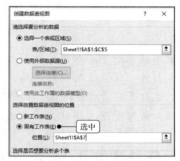

图 2-18　速溶咖啡、黑咖啡搜索指数阶段数据对比　　　图 2-19　确定数据透视图创建位置

（4）设置数据透视图字段。打开"数据透视图字段"任务窗格，将"时段"字段添加到"轴（类别）"列表框中，将"速溶咖啡""黑咖啡"两个字段添加到"值"列表框中，效果如图 2-20 所示。

（5）更改图表类型。在创建的数据透视图上单击鼠标右键，在打开的快捷菜单中选择"更改图表类型"命令，打开"更改图表类型"对话框，选择折线图中的"带标记的堆积折线图"样式，如图 2-21 所示，最后单击 确定 按钮。

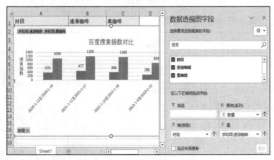
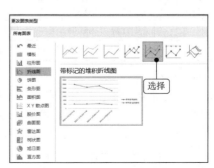

图 2-20　设置数据透视图字段　　　　　　　图 2-21　更改图表类型

（6）设置图表标题。返回工作表，单击图表右上角的"图表元素"按钮➕，在打开的列表中选中"图表标题"复选框，将标题更改为"百度搜索指数对比"，继续利用"图表元素"按钮➕为图表添加坐标轴标题，效果如图2-22所示（配套资源：\效果文件\项目二\分析咖啡行业市场规模趋势.xlsx）。

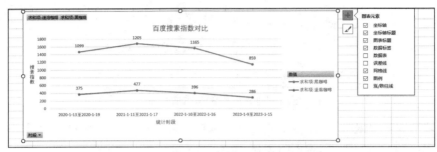

图 2-22　设置图表标题和坐标轴标题

（7）根据图表分析咖啡市场发展趋势。根据创建的图表可知，速溶咖啡的市场需求在 2021年明显上升，但在 2023 年又大幅度下降，而黑咖啡的市场需求在 2021—2023 年总体呈现下降趋势。这说明咖啡市场的需求不是很稳定，需要慎重考虑是否进入。

> **提示**
>
> 在数据透视图中添加纵坐标轴标题后，标题文本并不便于查看，需要手动调整。双击该标题文本，打开"设置坐标轴标题格式"任务窗格，在"标题选项"列表中单击"大小与属性"按钮▣，在打开的"对齐方式"栏中单击"文字方向"下拉按钮，在打开的下拉列表中选择"竖排"选项，便可更改文字的显示方式。

任务演练 3：分析咖啡行业的集中度

【任务目标】

利用生意参谋中采集的咖啡行业排名前 50 位的品牌的交易指数，分析该行业的集中度，判断该行业是否可以进入。

【任务要求】

本次任务的具体要求如表 2-5 所示。

表 2-5　　　　　　　　　　　　　　任务要求

任务编号	任务名称	任务指导
（1）	计算市场数据	计算市场份额和市场份额平方值
（2）	分析咖啡市场的行业集中度	根据市场集中度指数分析咖啡行业的集中度

【操作过程】

（1）计算市场份额。打开"咖啡行业集中度.xlsx"工作簿，选择 C2:C51单元格区域，在编辑栏中输入公式"=B2/SUM($B$2:$B$51)"，如图 2-23 所示，表示计算对应品牌的交易指数在 50 个品牌中占据的市场份额，按【Ctrl+Enter】组合键得到计算结果。

（2）计算市场份额平方值。选择 D2:D51 单元格区域，在编辑栏中输入

微课视频

分析咖啡行业的
集中度

公式"=C2*C2",如图 2-24 所示,表示计算各个品牌的市场份额平方值,按【Ctrl+Enter】组合键得到计算结果。

图 2-23 计算市场份额

图 2-24 计算市场份额平方值

（3）分析咖啡市场的行业集中度。选择 E2 单元格,在编辑栏中输入"=SUM(D2:D51)",如图 2-25 所示,按【Ctrl+Enter】组合键计算行业集中度（配套资源：\效果文件\项目二\任务一\咖啡行业集中度.xlsx）。由 E2 单元格的计算结果可知,咖啡行业近 1 个月的行业集中度为 0.022 517 229,说明行业集中度较低,可以进入。

图 2-25 计算行业集中度

任务二　竞争数据分析

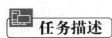 **任务描述**

深入了解咖啡市场后,小赵发现咖啡液的市场规模是很大的,但老李提醒小赵,市场规模大并不一定表示 KK 旗舰店就适合进入,还需要对市场竞争数据进行全面分析后才能决定。小赵听取老李的意见后,决定通过研究和分析竞争对手数据来宏观了解市场动态,全面把控行业局面,填写的任务单如表 2-6 所示。

表 2-6　　　　　　　　　　　　　　　　任务单

任务名称	分析竞争对手数据			
任务背景	KK 旗舰店打算进入咖啡液市场,为了能尽快地融入该市场并抢占一定的资源,KK 旗舰店决定通过分析和研究竞争对手数据来发现市场中的商机,以此抢占市场资源,让自己能获取一定的市场份额			
任务类别	■采集数据	□处理数据	■分析数据	□制订报告/计划

续表

工作任务	
任务内容	任务说明
任务演练 1：识别 KK 旗舰店的竞争对手	从品牌定位、店铺定位、商品定位、用户定位 4 个维度识别竞争对手
任务演练 2：使用生意参谋分析竞店数据	① 添加竞争店铺 ② 依次对竞店流失情况、竞店关键指标、竞店交易构成等数据进行分析
任务总结：	

 知识准备

一、竞争对手的界定

竞争对手是指在某一行业或领域中，拥有与自己相同或相似资源（包括人力、资金、商品、环境、渠道、品牌等）的个体或团体。既然存在竞争，就必然存在资源的争夺。根据所争夺资源的不同，可以定位不同的竞争对手。

（1）客户资源竞争。争夺客户资源是竞争对手最本质的体现。在这个互联网信息飞速发展的时代，微信、微博等社交媒体都在抢夺客户的碎片化时间，争夺不同年龄段的客户资源。

（2）人力资源竞争。一般情况下，人力资源竞争是指抢夺同一类型（如运营人员、客服人员等）的人力资源的企业，这些企业就是竞争对手。

（3）营销资源竞争。在同时段、同一媒介投放广告的其他企业就是竞争对手。

（4）生产资源竞争。争夺原材料的企业就是竞争对手。

（5）物流资源竞争。电商离不开物流，争夺物流资源的电商企业就是竞争对手。

（6）同类商品竞争。销售同品类商品或服务的企业为直接竞争对手，即同业竞争。例如可口可乐和百事可乐、华为和小米，都是直接竞争对手。

（7）替代类商品竞争。例如，休闲服的同类竞争商品是休闲服，其替代类竞争商品是运动装等。销售本企业商品的替代类商品的企业就是竞争对手。

（8）互补类商品竞争。互补类商品是指两种商品之间互相依赖，形成互利关系，如牙膏和牙刷、酒和酒杯等。销售本企业商品的互补类商品的企业就是竞争对手。

素养小课堂

无论从事哪个行业，都不可避免地会遇到各种竞争对手。我们不应该回避竞争对手，更不应该挤压竞争对手，而是应该通过合法手段透彻了解和分析竞争对手，欣赏竞争对手的优点，接受自身的缺点，知己知彼，方能百战不殆。

二、竞争对手的选择

就电商领域而言，通常根据品牌定位、店铺定位、商品定位和用户定位选择竞争对手。

（一）根据品牌定位选择竞争对手

根据品牌定位选择竞争对手，是指从自身品牌出发，根据品牌理念、品牌调性、品牌影响力等因素选择相似或者关联品牌定位的商家作为竞争对手。

（1）品牌理念。品牌理念是指能够吸引消费者并且能使其建立品牌忠诚度，进而创造品牌优势地位的观念。品牌理念具有导向功能、激励功能、凝聚功能。例如，农夫山泉一直坚持"天然、健康"的品牌理念，从不使用城市自来水生产瓶装饮用水，也从不在饮用水中添加任何人工矿物质。

（2）品牌调性。品牌调性是指品牌在市场中所运用的独有的语言标志，简单来说，就是消费者对品牌的看法或感觉。品牌调性主要构成内容包括品牌标志、品牌核心价值的定义、品牌价值诉求、品牌故事，以及品牌主要广告语言等。例如"五芳斋"，它的品牌调性就是一种对民族文化的自信与热爱。

（3）品牌影响力。品牌影响力是品牌在市场竞争中的重要竞争力之一，能够帮助品牌吸引更多的消费者，并提高销售额和市场占有率。例如，格力、美的等家电品牌的品牌影响力在我国市场上较为显著。

（二）根据店铺定位选择竞争对手

根据店铺定位选择竞争对手是指从店铺自身情况出发，根据开店时长、店铺规模、营销方式、广告投入等因素选择合适的竞争对手。例如，某奶茶饮品旗舰店开店时长为 6 个月，店铺月销售额小于 10 万元，以"种草"和店铺自播为主进行营销，广告投入预算为 1 万元。那么该奶茶饮品旗舰店在选择竞争对手时，便可根据店铺定位进行选择，表 2-7 所示为根据店铺定位选择竞争对手。

表 2-7　　　　　　　　　　　根据店铺定位选择竞争对手

店铺	某奶茶饮品旗舰店	竞争店铺 A	竞争店铺 B
开店时长	6 个月	6 个月	6 个月
店铺规模	月销售额<10 万元，中小型店铺	月销售额<20 万元，中小型店铺	月销售额<20 万元，中小型店铺
营销方式	以"种草"和店铺自播为主	以店铺自播为主	以"种草"和店铺自播为主
广告投入	预算 1 万元	预算 2 万元	预算 1 万元

（三）根据商品定位选择竞争对手

根据商品定位选择竞争对手是指从店铺自身商品出发，根据商品功能、商品卖点、商品价格及商品类别等因素选择合适的竞争对手，表 2-8 所示为根据商品定位选择竞争对手。

表 2-8　　　　　　　　　　　根据商品定位选择竞争对手

商品	某奶茶饮品旗舰店	竞争店铺 A	竞争店铺 B
商品功能	提神、补充能量	提神、补充能量	提神、补充能量
商品卖点	优质原材料、独立包装	进口原材料、性价比高	进口原材料、独立包装
商品价格	8～12 元	8～10 元	10～12 元
商品类别	原味、香芋、草莓、混合	原味、香芋、草莓、巧克力、混合	原味、香芋、巧克力、混合

（四）根据用户定位选择竞争对手

根据用户定位选择竞争对手是指从店铺的目标用户群出发，根据用户画像选择用户标签重合的商家作为竞争对手。例如，目标用户群均为职场人士，且年龄为18～30岁的女性。

> ⏰ **提示**
>
> 竞争对手并不是一成不变的，在店铺的发展过程中，由于店铺定位、商品的变化，竞争对手也是会变化的。店铺只有锁定了准确的竞争对手，才能制定正确的营销策略。

三、竞争对手数据的获取

收集竞争对手数据的方法有很多，可以归纳为线上和线下两大途径。线下途径包括购买数据报告、委托专业机构调研、自行调查市场等传统方式，但这些方式比较费时费力，对中小规模店铺而言可能不太实际。因此，采取线上途径收集竞争对手数据成为更普遍和热门的方式。

目前，采取线上途径收集竞争对手数据的方法比较丰富、多样。例如，可以通过直接访问竞争对手店铺，查看其页面设计、主图拍摄效果、商品评价、客服等各方面信息收集数据；也可以通过店铺自带的数据分析工具分析竞争对手的相关数据。图2-26所示为店铺通过生意参谋对竞店进行分析的效果。

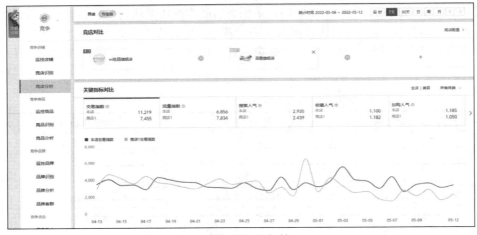

扫码看彩色图

图2-26　竞店分析效果

除此之外，部分第三方数据分析工具也能采集竞争对手的相关数据信息，如八爪鱼采集器、蝉妈妈等，都可以帮助店铺从不同角度全面查看竞争对手的情况，以优化营销策略、评估营销结果。

四、数据化分析竞争对手

在日常运营过程中，商家除了时刻关注自身店铺的数据变化，还需要关注竞争对手应对市场的方式，如商品的布局、促销方案的确定等，以便找出合适的应对方法，提高店铺商品的销量。数据化分析竞争对手主要围绕竞店分析和竞品分析两项内容展开。

（一）竞店分析

竞店分析不仅可以了解竞店的优势，找到自身店铺可以提升的方向，而且能了解竞店应对市场的方式，如上新时间点、销售模式等。了解竞店的运营思路后，店铺便可结合自身的经营能力、资金实力等进行规划。竞店分析主要包括明确分析需求、采集竞店数据、分析竞店属性数据、分析竞店类目、分析推广活动等内容。

1. 明确分析需求

竞店分析的目标通常是了解竞店的商品结构、销量变化、推广活动等各项数据，寻找自身店铺与竞店的差距。因此，商家应该根据实际需求选择需要重点关注的竞店分析指标。例如，某男装淘宝店铺的主打风格是休闲、舒适，通过调研和分析，店主小李决定将"思宇服"店铺作为竞争对手，希望通过全面对比分析类目构成、推广活动等各项指标，寻求"思宇服"店铺成功的秘诀，以此改进自身店铺的运营工作。

2. 采集竞店数据

商家在分析竞店时，需要持续追踪各项关键数据，可以人工采集数据，也可以借助相应工具采集数据。例如，生意参谋就可以帮助店铺直接识别竞店并进行竞店监控与分析，如图 2-27 所示。

图 2-27　竞店监控与分析

3. 分析竞店属性数据

在生意参谋中完成竞店添加后，就可以分析竞店属性数据了。单击"竞店分析"选项卡，进入竞店首页，通过属性数据可以了解竞店的商品风格、款式细节等，如图 2-28 所示。通过分析寻找竞店与自身店铺在商品风格、款式细节上的差异，从而完善自身店铺。

所有宝贝	
尺码: M(215)　S(211)　L(113)　EUR26(74)　EUR25(73)　均码(58)　EUR27(57)	⊙收起
风格: 通勤(185)　OL风格(110)　韩版(22)	
上市年份季节: 2022年秋季(141)　2022年冬季(77)　2022年夏季(51)	
适用年龄: 18～24周岁(202)	
成分含量: 30%及以下(194)	

图 2-28　分析竞店属性

4. 分析竞店类目

店铺的类目结构不仅影响销售业绩，而且影响店铺抵御风险的能力。在分析竞店商品类目时，需要了解本店和竞店在类目布局与类目销售额方面的差距，从而进行品类布局的优化和提升。单击"竞店分析"页面中的"类目"选项，可以得到本店类目与竞店类目的交易构成对比情况，如图2-29所示。通过对比可知，竞店的类目比本店的类目要少，就相同类目而言，竞店的夹克的销售额更高。

图2-29　本店类目与竞店类目的交易构成对比情况

5. 分析推广活动

分析竞店参与的促销推广活动常用的工具是店侦探。首先将竞店添加到店侦探中，然后进入竞店首页，在左侧导航栏中展开"活动分析"列表，依次选择"活动概况""店铺促销""站内活动""站外活动"选项，以了解竞店在目标时间内开展的推广活动。通常来说，"活动概况"模块汇总了所有推广活动的情况，如图2-30所示。通过分析可知，竞店在近7天开展了搭配减、免邮、聚划算等活动，持续追踪和分析促销推广活动的频率、深度、效果，然后结合本店的实际情况，制定合适的促销推广策略。

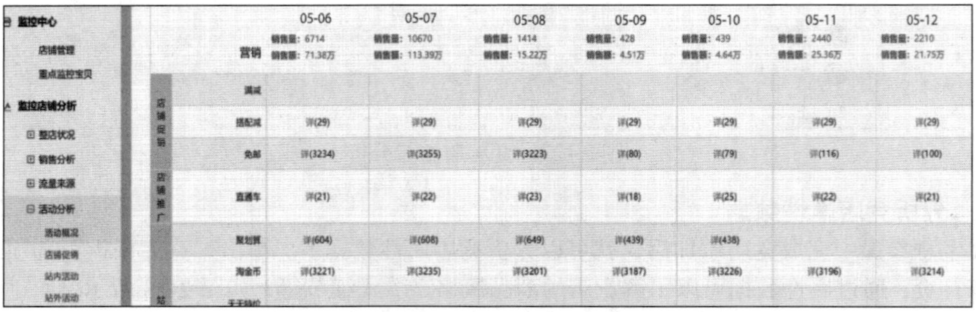

图2-30　分析推广活动

知识拓展

　　除生意参谋外，店侦探也可以监控竞争对手，它可以分析竞店、竞品，展现关键字等。使用店侦探之前，首先要在店侦探官网中进行注册并登录，然后选择左侧导航栏中的"监控中心"下的"店铺管理"选项，单击 添加监控店铺 按钮（见图2-31），此时将打开"添加监控店铺"对话框，在文本框中输入竞店的某个商品的网址，并依次单击 预览店铺 按钮和 添加监控 按钮添加竞店即可。成功添加竞店后，选择左侧导航栏中的"监控店铺分析"选项，在展开的列表中单击相应按钮便可查看并分析店铺整体状况、销售情况、流量来源等。

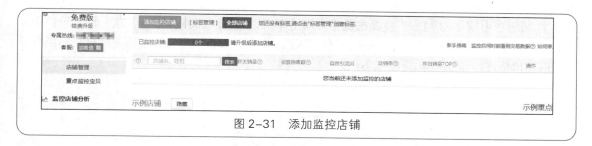

图 2-31　添加监控店铺

（二）竞品分析

为了提高店铺商品流量或销量，并进一步预测竞品未来的动向，商家还需要多维度分析竞争对手的商品。竞品分析是对竞争对手的商品进行分析，可围绕商品基本信息、竞品价格、销售数据及商品评价等维度展开。下面继续以已添加的男装竞店中的商品为例，介绍竞品分析的相关内容。

1. 分析商品基本信息

分析商品基本信息是指分析商品的款式、功能、材质及颜色等，这一部分是竞品分析的基础。分析商品基本信息较为直接的方式是查看商品详情页，商品详情页中详细展示了商品的各项信息。图 2-32 所示为竞店中"牛仔裤"详情页的相关内容。表 2-9 所示为整理后的竞品与自身店铺商品基本信息的对比情况。通过对比分析两种商品的基本信息可以发现，竞品优势主要在于 SKU（Stock Keeping Unit，存货单位）相对更丰富，并且基本信息更加全面，而自身店铺则无竞争优势，需要借鉴竞品信息提升自身商品的竞争能力。

品牌：公子维斯	尺码：28 29 30 31 32 33 34 36 38 ……	牛仔面料：棉弹牛仔布
腰型：中腰	颜色：蓝色 深蓝色 浅蓝色 深灰色 蓝 ……	裤门襟：拉链
货号：ED-22-181018	弹力：微弹	细分风格：基础大众
适用季节：四季通用	上市年份季节：2023年春季	厚薄：常规
适用场景：其他休闲	款式细节：五袋款	工艺处理：水洗
工艺处理：手擦 电磨 针缝 马骝 水洗 …	适用对象：青年	裤长：长裤
款式版型：合体直筒	裤脚口款式：直脚	洗水工艺：水洗 石洗/石磨
面料功能：耐磨	材质成分：棉70.2% 聚酯纤维 28.8% …	

图 2-32　竞店中"牛仔裤"详情页的相关内容

表 2-9　　　　　　　　整理后的竞品与自身店铺商品基本信息的对比情况

基本信息	竞品	自身店铺商品
尺码分类	15	10
颜色分类	18	12
风格	基础大众	商务休闲
厚薄	常规	常规
面料功能	耐磨	无
适用场景	其他休闲	无

2. 分析竞品价格

价格是消费者选购商品的重要参考指标。在选购前，消费者会有一个心理价位，因此商家需要对比分析自身商品和竞品的价格。商家可以通过生意参谋在"竞争"模块中采集竞品价格，如

图 2-33 所示。由图 2-33 可知，竞品的价格分布更丰富，且在"200～400 元"这一同等价位中，竞品的支付金额占比高达 97.93%，远高于自身店铺。针对此情况，自身店铺需要结合目标消费群体对商品价格进行适当调整。

图 2-33　本店价格与竞店价格对比数据

3. 分析销售数据

分析销售数据是竞品分析的重要内容之一。商家可以利用店侦探采集竞品一段时间内的销售情况，表 2-10 所示为竞品与自身店铺商品近 7 天的销售数据对比。

表 2-10　　　　　　　　　　竞品与自身店铺商品近 7 天的销售数据对比

日期	竞品销售量/件	竞品销售额/元	自身店铺商品销售量/件	自身店铺商品销售额/元
5 月 1 日	265	52 470	128	21 504
5 月 2 日	356	70 488	165	27 720
5 月 3 日	456	90 288	189	31 752
5 月 4 日	402	79 596	208	34 944
5 月 5 日	489	96 822	166	27 888
5 月 6 日	356	70 488	192	32 256
5 月 7 日	380	75 240	220	36 960

为了直观展示数据，可绘制折线图和柱形图进行对比分析，如图 2-34 所示。

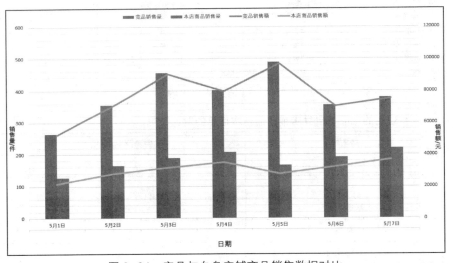

扫码看彩色图

图 2-34　竞品与自身店铺商品销售数据对比

由图 2-34 可知，竞品与自身店铺商品在近 7 天的销售数据总体均呈上升趋势，但竞品无论是销售量还是销售额方面均高于自身店铺，可以分析竞店在该时段是否参加了某些推广活动，并分析自身店铺商品有哪些不足之处需要改进。

4．分析商品评价

综合比较自身店铺商品和竞品的评价，找出竞品中消费者认可的部分和自身店铺商品不足的部分进行对比，从中找出改良自身店铺商品的思路和方法。进入竞品和自身店铺商品的评价页面，获取相应的评价信息。图2-35、图2-36所示分别为竞品和自身店铺商品的评价信息。通过对比可以发现，自身店铺商品的差评主要为"尺码不合适"，因此商家应当与厂家沟通商品尺码问题；也可在商品详情页中详细说明商品尺码问题，如手工测量存在1~2cm误差等。

图2-35　竞品的评价信息

图2-36　自身店铺商品的评价信息

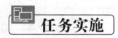

任务演练1：识别KK旗舰店的竞争对手

【任务目标】

从品牌定位、店铺定位、商品定位、用户定位4个维度识别KK旗舰店的竞争店铺。

【任务要求】

本次任务的具体要求如表2-11所示。

表2-11　　　　　　　　　　　　　　　　　任务要求

任务编号	任务名称	任务指导
（1）	根据品牌定位识别竞争对手	从品牌定位、品牌理念、品牌调性等方面进行分析
（2）	根据店铺定位识别竞争对手	从开店时长、店铺规模、营销方式等方面进行分析
（3）	根据商品定位识别竞争对手	从商品功能、商品卖点、商品价格等方面进行分析
（4）	根据用户定位识别竞争对手	从目标用户群、地域分布、年龄分布等方面进行分析

【操作过程】

（1）通过关键词识别竞争对手。KK旗舰店的主推商品为速溶咖啡，在电商平台中输入关键词"速溶咖啡"，可了解到"速溶咖啡"的相关竞争店铺有几万家。

（2）通过筛选口味和价格识别竞争对手。为了进一步明确和识别竞争对手，KK旗舰店还需要结合商品口味和商品价格进行筛选，首先将口味设置为"原味咖啡"，价格区间设置为"80~120"，进一步缩小竞争对手的范围，如图2-37所示。根据筛选结果，单击商品列表上方的 销量↓ 按钮，将排名前 2 位的店铺"店铺 A"和"店铺 B"作为 KK 旗舰店的竞争对手。

图 2-37　进一步缩小竞争对手的范围

（3）通过品牌定位识别竞争对手。分别进入店铺 A 和店铺 B 的店铺首页，查看店铺的品牌定位、品牌理念、品牌调性等信息后，将其与自家店铺进行对比，如表 2-12 所示。

表 2-12　　　　　　　　　　　　　品牌定位对比

品牌	KK 旗舰店	竞争店铺 A	竞争店铺 B
品牌定位	中高端品牌，主打中端	中高端品牌，主打中端	中高端品牌，主打高端
品牌理念	品质生活，从咖啡开始	生活不将就，咖啡亦如此	美好生活，咖啡为伴
品牌调性	简约、休闲、自由	简约、朴实	自然、浓香
品牌影响力	本地线下品牌，有一定的影响力，无线上基础，线上开店时长为 6 个月	本地线下品牌，有一定的影响力，线上开店时长为 6 个月	本地线下品牌，有一定的影响力，线上开店时长为 1 年

（4）通过店铺定位识别竞争对手。了解店铺 A 和店铺 B 的品牌定位后，继续查看竞店的开店时长、店铺规模、营销方式等信息，并将其与自家店铺进行对比，如表 2-13 所示。

表 2-13　　　　　　　　　　　　　店铺定位对比

店铺	KK 旗舰店	竞争店铺 A	竞争店铺 B
开店时长	6 个月	6 个月	1 年
店铺规模	月销售额<20 万元，中小型店铺	月销售额<20 万元，中小型店铺	月销售额>50 万元，中大型店铺
营销方式	以"种草"和店铺自播为主	以店铺自播为主	以"种草"和店铺自播为主
广告投入	预算 1 万元,费用率预估 22.34%	预算 2 000 元,费用率预估 27.63%	预算 5 万元,费用率预估 25.63%

（5）通过商品定位识别竞争对手。了解店铺 A 和店铺 B 的店铺定位后，通过"所有宝贝"页面进一步查看竞店的商品功能、商品卖点、商品价格、商品类别等信息，然后将其与自家店铺进行对比，如表 2-14 所示。

表 2-14   商品定位对比

商品	KK 旗舰店	竞争店铺 A	竞争店铺 B
商品功能	提神	提神	提神
商品卖点	优质原材料，人工烘焙	进口原材料，性价比高	进口原材料，人工烘焙
商品价格	80～120 元	80～120 元	80～120 元
商品类别	黑咖啡、白咖啡、速溶咖啡、挂耳咖啡、冻干咖啡、咖啡胶囊	黑咖啡、白咖啡、速溶咖啡、冻干咖啡	黑咖啡、白咖啡、速溶咖啡、冻干咖啡、冷淬系列、卡布奇诺

（6）通过用户定位识别竞争对手。了解店铺 A 和店铺 B 的商品定位后，通过商品评价、销售量等数据分析竞店的目标用户群、地域分布、年龄分布、购买倾向等信息，并将其与自家店铺进行对比，如表 2-15 所示。

表 2-15   用户定位对比

用户	KK 旗舰店	竞争店铺 A	竞争店铺 B
目标用户群	职场人士、居家人士	职场人士、旅行人士	职场人士、旅行人士、居家人士
地域分布	福建省、广东省、浙江省	福建省、广东省	四川省、浙江省、江苏省
年龄分布	20～30 岁占比 42.84% 31～40 岁占比 36.77% 其他年龄段占比 20.39%	20～30 岁占比 59.64% 31～40 岁占比 22.38% 其他年龄段占比 17.98%	20～30 岁占比 40.35% 31～40 岁占比 55.68% 其他年龄段占比 3.97%
购买倾向	速溶咖啡销售占比 93.85%	速溶咖啡销售占比 91.51%	速溶咖啡销售占比 45.67%

通过品牌定位、店铺定位、商品定位、用户定位这 4 个维度的数据对比可知，KK 旗舰店与店铺 A 的定价策略相似，如商品价格都在 80～120 元；商品类别基本相同，均包含黑咖啡、白咖啡、速溶咖啡、冻干咖啡，并且速溶咖啡销售占比均超过 90%；品牌定位都是中高端品牌，主打中端；目标用户群大多为 20～40 岁的人士。因此，基本可以确定两家店铺互为竞争对手。

任务演练 2：使用生意参谋分析竞店数据

【任务目标】

KK 旗舰店准确锁定竞争对手后，便准备利用生意参谋分析竞店数据，根据竞争对手的数据反馈，学习竞争对手的长处，分析其运营策略的亮点和侧重点，最后结合自身店铺情况调整运营策略。

【任务要求】

本次任务的具体要求如表 2-16 所示。

表 2-16   任务要求

任务编号	任务名称	任务指导
（1）	添加竞争店铺	在竞争店铺配置页面中单击"添加"按钮添加竞店
（2）	查看竞店流失情况	判断竞店是否对自身店铺构成威胁
（3）	竞店关键指标分析	对比分析竞店与本店的销售数据
（4）	竞店交易构成分析	分析竞店类目，了解自身店铺与竞店的差距

【操作过程】

（1）添加竞争店铺。在生意参谋的"竞争"选项卡下选择"监控店铺"选项，然后单击页面右上角的"竞店配置"超链接，进入竞争店铺配置页面。单击"添加"按钮＋，在打开的下拉列表中输入店铺名称或复制店铺首页链接，然后按【Enter】键添加竞店。

（2）查看竞店流失情况。选择左侧列表中的"竞店识别"选项，此时页面将以四象限图的形式显示竞店流失情况，如图 2-38 所示。由图 2-38 可知，竞店基本处于"低流失低销量"象限，不会对 KK 旗舰店构成严重的威胁。

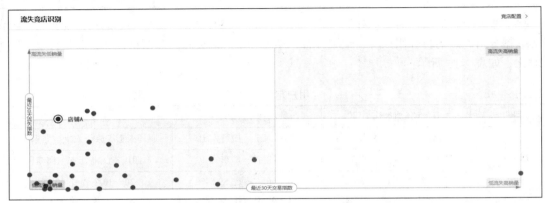

图 2-38　通过四象限图分析竞店流失情况

（3）竞店关键指标分析。选择左侧列表中的"竞店分析"选项，在显示的页面中添加需要与本店进行对比分析的竞争店铺，此时将显示两个店铺在指定期间内关键指标的对比情况，如图 2-39 所示。由图 2-39 可知，本店在前期的交易指数不及竞争店铺，但后期逐渐追赶上来。竞争店铺交易指数在某段时间有明显的增长趋势，需要进一步分析竞争店铺是否开展了促销推广活动，本店可否跟进竞争店铺的促销策略，从而提高店铺商品的销量。

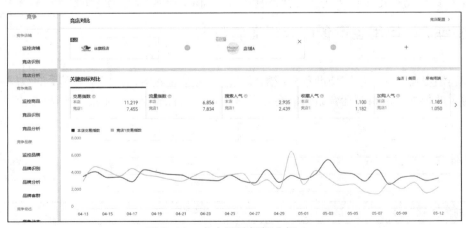

扫码看彩色图

图 2-39　竞店关键指标分析

（4）竞店交易构成分析。滚动鼠标滚轮，在页面下方可以对比本店与竞争店铺的交易构成情况，包括交易类目构成和价格带构成，如图 2-40 所示。由图 2-40 可知，竞争店铺的类目更多、价格区间也更加丰富，且类目下的商品呈现出较明显的销售优势，故会对自身店铺形成威胁。此时，自身店铺需要从其他销售前景好且具有优势的类目着手，错位竞争，打造自身店铺的优势类目。

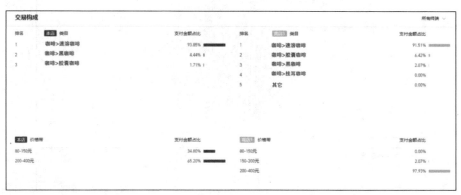

图 2-40　竞争店铺交易构成分析

技能练习

使用店侦控监控竞争店铺，练习使用不同工具软件分析竞争对手的数据。

✏️综合实训

实训一　分析女套装各子行业的市场容量与市场趋势

实训目的：通过分析女套装各子行业的市场容量与市场趋势，从而选择适合自身店铺的女装市场，并以此为依据制订销售计划。

实训要求：根据从生意参谋中获取的女套装各子行业近 12 个月的交易指数、交易增长幅度、支付金额较父行业占比、支付子订单数较父行业占比等数据（配套资源：\素材文件\项目二\综合实训\实训一\市场容量与市场趋势.xlsx），在 Excel 中利用数据透视图分析女套装各子行业的市场容量和市场趋势。

实训思路：本次实训将使用 Excel 的数据透视图和切片器功能进行数据分析，具体操作思路可参考图 2-41。

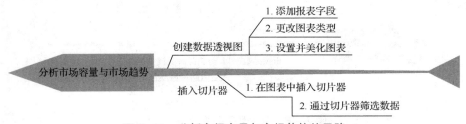

图 2-41　分析市场容量与市场趋势的思路

实训结果：本次实训完成后的参考效果如图 2-42 所示（配套资源：\效果文件\项目二\综合实训\实训一\市场容量与市场趋势.xlsx）。

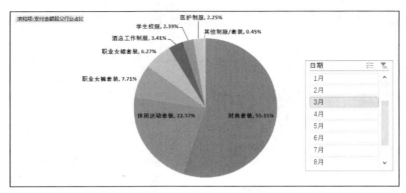

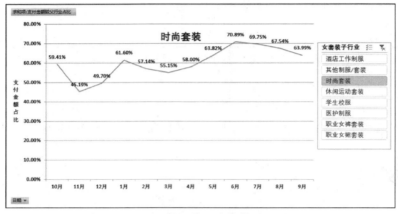

图 2-42　实训参考效果

实训二　在生意参谋中分析竞争品牌数据

实训目的： 借助生意参谋分析竞争品牌数据，帮助店铺了解该品牌在市场中受欢迎的程度及店铺的经营情况，最终达到掌握竞争对手详细信息的目的。

实训要求： 利用生意参谋添加竞争品牌，并重点分析品牌关键指标、品牌热销商品、类目、价格、用户等。

实训思路： 本次实训将涉及品牌分析、销售分析、流量分析及用户分析等，具体操作思路可参考图 2-43。

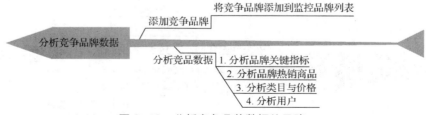

图 2-43　分析竞争品牌数据的思路

实训结果： 本次实训完成后的参考效果（部分）如图 2-44 所示（配套资源：\效果文件\项目二\综合实训\实训二\竞争品牌分析界面.docx）。

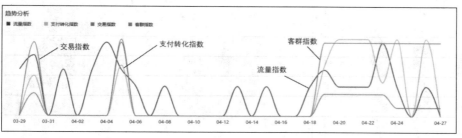

扫码看彩色图

图 2-44　实训参考效果（部分）

巩固提高

1. 请查阅相关资料，对某商家进入童装这一行业做简单的市场分析，包括行业集中度和市场容量两方面。

2. 小李经营了一家女装网店，主推商品为连衣裙。现需要选择同一目标市场中竞店经营的一款相似的连衣裙作为竞品，为了全面进行竞品分析，小李还收集并整理了表 2-17 所示的竞品基本信息，试根据该表格内容分析竞品的优势。

表 2-17　　　　　　　　　　　　竞品基本信息

基本信息	*****女装店铺（本店）	*****连衣裙专卖店（竞店）
商品标题	2023 年夏款长袖连衣裙、收腰、显瘦	2023 年新款气质连衣裙、中长裙、收腰
商品价格	268 元	228 元
腰型	高腰	高腰
风格	休闲	淑女
袖长	长袖	中长袖
成交关键词	连衣裙、休闲款连衣裙	新款连衣裙、连衣裙、淑女风连衣裙

3. 某企业打算加盟代理某智能家电品牌，但对智能家电的行情不是很了解，于是安排运营人员小王对智能家电的市场进行分析，以辅助决策。于是小王先查找了智能家电的相关专业报告，并从中获取了相关统计数据，如图 2-45 所示。请根据图 2-45 分析该企业此时进入智能家电行业是否适合？

4. 在生意参谋中获取女套装各子行业近 12 个月的交易指数、交易增长幅度、支付金额较父行业占比、支付子订单数较父行业占比等数据，并将数据整理到 Excel 中，然后通过创建数据透视图进行直观展示。根据图 2-46，试分析这 12 个月中职业女裤套装的销售趋势。

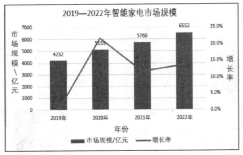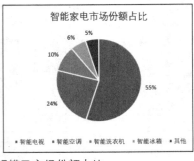

扫码看彩色图

图 2-45　智能家电市场规模及市场份额占比

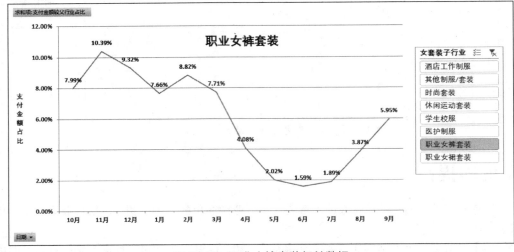

图 2-46　职业女裤套装相关数据

5. 假设某行业市场有 4 家企业，各自市场份额占比分别为 18%、26%、35%、21%，试计算 4 家企业各自所占市场份额的平方值和行业的市场集中度指数，由计算结果分析该行业的集中度。

6. 小周所在网店计划销售女式连衣裙，她通过生意参谋采集了女式连衣裙近半年的交易数据，并通过图表进行了直观展示，如图 2-47 所示。为了全面地了解女式连衣裙市场需求量的变化趋势，小周继续通过百度指数采集女式连衣裙同样时间段的搜索指数，如图 2-48 所示。请协助小周完成数据分析工作。

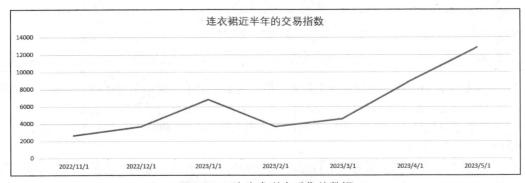

图 2-47　生意参谋中采集的数据

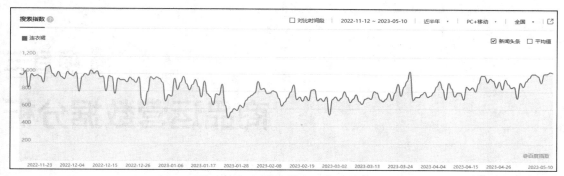

图 2-48　百度指数中采集的数据

7. 请尝试利用生意参谋和店侦探分析同一竞品的交易数据，看看两者有哪些相同和不同的数据分析结果。

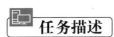 学习目标

【知识目标】

（1）熟悉商品类目与属性规划的流程与方法。

（2）掌握商品定价的策略与方法。

（3）掌握新品与热销商品数据化分析的方法。

（4）了解库存的规划与分析思路。

（5）了解库存的优化策略。

【技能目标】

（1）能够通过数据分析进行商品规划。

（2）能够自主完成商品的定价工作。

（3）能够通过数据化运营为店铺打造热销商品。

（4）能够利用库存天数、库存周转率、动销率等指标分析库存数据，从而避免库存积压或库存不足问题。

【素养目标】

数据运营人员应具备面对突发状况的应对能力，增强对突发事件的敏锐性，确保一旦事件发生，能够快速反应，并及时调整原有计划，合理应对。

项目导读

店铺的经营离不开商品，商品是店铺的基础和核心，是店铺与消费者沟通的媒介。商家要想做好店铺引流，获得较高的收入和利润，就需要有规划且有准备地上架商品，进行合理的店铺商品规划。KK 旗舰店由于缺乏商品规划意识，导致店铺库存大量积压，店铺陷入运营困境。为了摆脱现状，KK 旗舰店委托荣邦公司对店铺商品类目、商品定位等做出合理规划，并为店铺打造热销商品，以解决商品运营和库存积压的难题。

任务一　店铺商品规划

任务描述

老李准备将 KK 旗舰店的商品规划工作交给小赵，于是便将店铺目前正在出售的商品数据发送给小赵。小赵收到数据信息后，首先分析了店铺的主营品类，然后对主营品类商品的定位进行

了规划，并将具体内容填写到任务单（见表 3-1）中。

表 3-1　　　　　　　　　　　　　任务单

任务名称	KK 旗舰店商品规划	
任务背景	KK 旗舰店 8 月份的主营商品是三合一咖啡，店铺对该商品进行了大力推广。但是整整 1 个月，三合一咖啡的成交量仅有 10 单，小赵查看商品成交数据后，决定重新规划店铺的主营品类	
任务类别	□采集数据　■处理数据　■分析数据　□制订报告/计划	
所需素材	配套资源：\素材文件\项目三\任务一\商品交易指数.xlsx、KK 旗舰店销售数据.xlsx	
工作任务		
任务内容	任务说明	
任务演练 1：为 KK 旗舰店规划店铺主营品类	① 分析店铺热门品类 ② 结合销售数据确定主营品类	
任务演练 2：对主营品类商品进行定位规划	① 整理店铺商品销售数据 ② 对主营品类商品进行定位规划	
任务总结：		

 知识准备

一、商品类目与属性规划

　　商品规划是商家进行经营决策的重要环节之一，商家要想避免盲目经营商品，降低运营风险，就必须开展科学、合理的商品规划。商品规划是指通过分析市场需求和店铺商品的反馈数据（主要针对店铺内销售商品的反馈数据），从而规划出适合店铺经营的商品类目与属性。

　　例如，对于女装店铺而言，要先分析女装行业的整体类目结构，然后再结合自身店铺的销售情况进行规划。假设某女装店铺在京东商城开设了一家店铺，现通过京东商智获取了女装行业相关交易指数。为了解女装行业近两年的经营情况，商家查看并整理了女装各子类目的成交金额占比、访客数占比、搜索点击量占比（见图 3-1），并从中选取了具有代表性的成交金额占比与搜索点击量占比进行数据可视化分析，如图 3-2 所示。由图 3-2 可知，连衣裙、马夹、毛呢外套的成交金额占比和搜索点击量占比位列前三，说明这 3 个子类目在两年内的市场需求一直较高，因此，店铺可以考虑优先选择这 3 个子类目。

女装行业商品经营概况			
行业	子类目名称	成交金额占比	访客数占比	搜索点击量占比
女装	连衣裙	42.30%	42.50%	38.50%
女装	马夹	26.50%	36.80%	30.20%
女装	毛呢外套	20.30%	21.50%	21.40%
女装	毛衣	15.30%	16.50%	18.30%
女装	毛针织衫	10.60%	14.80%	15.70%

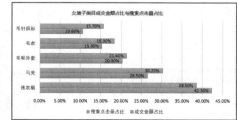

扫码看彩色图

图 3-1　女装行业商品经营概况　　图 3-2　女装子类目成交金额占比与搜索点击量占比

　　除了类目外，商品规划还需要考虑商品属性，如女装子类目中，毛衣就涉及长袖、短袖、高领、开衫等多种商品属性。规划商品属性时，商家可以参考市场数据和竞争对手的商品属性。图 3-3 所示为淘宝中女装行业毛衣类目下的数据，其中的材质、领型等都是毛衣非常重要的属性。综合分析这些属性，从中选择较受欢迎的属性，就能较好地规划商品属性。

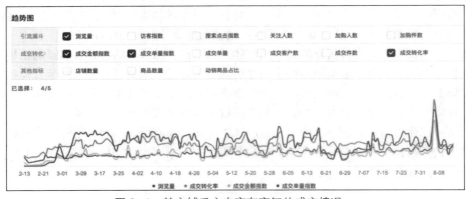

图 3-3　淘宝中女装行业毛衣类目下的数据

商品属性规划还可以借助生意参谋或京东商智，以店铺商品近期的成交金额指数进行布局。图 3-4 所示为某店铺毛衣在京东商智的成交情况，其中，成交金额指数进一步细分为毛衣材质-成交金额指数和毛衣领型-成交金额指数，如图 3-5 所示。通过对比分析数据可以发现，在材质和领型属性中，羊绒和半高领的成交金额指数占据分类首位，所以该店铺可以优先选择羊绒和半高领的毛衣作为主推商品。

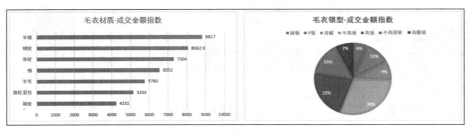

图 3-4　某店铺毛衣在京东商智的成交情况

扫码看彩色图

图 3-5　成交金额指数

扫码看彩色图

提示

对于销售数据差的商品，商家不要急于淘汰，应先进行一个周期的运营调整，即设置某一商品应达到的销售标准，如果该商品连续半年以上未达到该标准，就可以考虑淘汰。

二、商品定位规划

商品定位既是商家对市场判断分析的结果，同时也是店铺经营理念的体现。因此，店铺的商品必须要有合理的布局和定位，才能起到引流、销售和盈利等作用。一般来说，根据店铺的运营目的，可以将商品划分为引流款、利润款、形象款、热销款和活动款等。

（一）引流款商品

引流款商品是指为店铺和店铺商品带来流量的商品，其目的是为店铺吸引流量。这类商品价位低、利润少，需要有一定的市场热度，才能成功为店铺引流。选择引流款商品时，可利用生意参谋等工具查看店铺每款商品的详细数据，观察每款商品在每天不同时段的点击率变化趋势，并在一定周期内选出几款点击率较高的商品。

引流款商品的价格不能过高，一般情况下，引流款商品的利润预期在10%以内，建议中大型店铺打造3～5款引流款商品，小型店铺打造1～2款引流款商品。另外，引流款商品的折扣空间可以设置为10%～30%，再与热销商品关联，可以达到更好的引流效果。

（二）利润款商品

利润款商品的销量不一定是最好的，但利润却是最高的。一般来说，利润款商品能为店铺带来60%以上的利润，且适用于目标消费群体中某一特定人群，所以利润款商品在前期选款的要求更高，商家应该精准分析这一特定人群的偏好，包括喜欢的款式、风格、价位区间等。

（三）形象款商品

形象款商品用于提升店铺或品牌形象，可以选择一些高品质、高调性、高客单价的极小众商品。在现实生活中，提到火锅，大部分人会想到四川、重庆；说起烤鸭，则会联想到北京，这些商品就是地域和城市的名片，店铺的形象款商品与之类似。

形象款商品通常只会占据店铺商品的一小部分，店铺一般可以选择1～3款商品作为形象款商品，适合目标消费群体中的2～5个细分人群即可。

（四）热销款商品

热销款商品是指店铺中供不应求且销售量很高的商品。一般来说，热销款商品可以成为店铺的标志商品，能够直接给店铺带来较大的流量，快速促进成交，为店铺带来更高的利润。通常情况下，热销款商品占据店铺商品的10%～15%即可。

（五）活动款商品

活动款商品一般能快速增加店铺的销量，使店铺更快获取利润。店铺做活动的主要目的是清理库存、提高销量和塑造品牌。

（1）清理库存。如果以清理库存为目的开展活动，那么商品多数会是旧款或断码商品。要想达到清理库存的目的，还需要结合低价。在这种情形下，店铺对利润的追求是次要的，首要目的是处理库存，为商品的上新做准备。

（2）提高销量。如果以提高销量为目的开展活动，在低价引流的同时，必须考虑消费者对商品的体验和店铺的盈利情况。此外，商品的定价非常重要。一般情况下，商品定价往往与采购成本、市场供求比、竞争对手及期望利润等因素相关。充分考虑各方需求，才能落实定价，最终利用活动提高销量和利润。

（3）塑造品牌。如果以塑造品牌为目的开展活动，活动款商品应该是大众款商品，但这不表示就必须采取低价位。首先，为了吸引消费者，需要让消费者体验到基础价格与活动价格的差距，让消费者产生购物的冲动，因此只需设定一个合理的折扣即可。其次，活动款商品应该是整套商品结构中利润率最低的商品，商家应该在活动期间降低利润，加深消费者对品牌的印象，做好售后跟踪的同时，提升消费者的购物体验。

三、商品定位方法

完成商品规划后，还需要结合相关指标数据（如商品访客数、商品浏览量、下单件数、利润率、复购率等）对店铺商品进行定位。

一般情况下，店铺中访客数较高的商品，可以作为活动款商品或引流款商品来帮助店铺提高流量和销量；店铺中浏览量较高的商品，可以作为形象款商品来提升店铺形象；店铺中下单件数较高或复购率较高的商品，可以作为热销款商品；店铺中利润率较高的商品，可以作为利润款商品。

图 3-6 所示为某服装店铺的销售指标数据，其中，牛仔裤的下单件数最高，但利润率却最低，可以将其定位为热销款商品；连衣裙是利润率最高的商品，同时浏览量排第二，可以将其定位为利润款商品或形象款商品；T 恤的访客数和浏览量均不错，可将其定位为引流款商品。

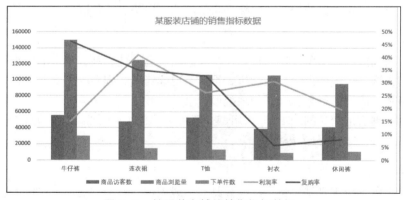

图 3-6　某服装店铺的销售指标数据

扫码看彩色图

四、商品价格规划

为商品定价是很多商家面临的难题，定价过高无法吸引更多的消费者，定价过低则不利于盈利。实际上，商品定价是有策略和方法可寻的。

（一）商品定价流程

商品定价流程一般包括 6 个步骤，如图 3-7 所示。

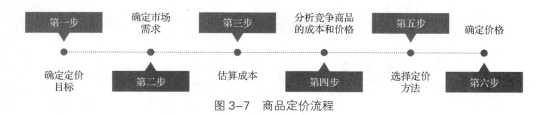

图 3-7　商品定价流程

（1）确定定价目标。定价目标具有多元性，主要包括提升市场竞争力，满足消费者需求，提高整体利润等。

（2）确定市场需求。店铺商品的价格会影响市场需求，市场需求的变化又会影响商品的销售、店铺经营目标的实现。因此，确定市场需求是商品定价流程的重要环节。确定市场需求，是为了使商品价格符合消费者的心理预期。

（3）估算成本。通过各项数据（如成本价、调拨价、出厂价、供应价、零售价、促销价等）的计算，确定盈亏平衡点，然后依据不同价格下的销售收入，计算利润及目标利润下的销售目标。

（4）分析竞争商品的成本和价格。主要分析竞争商品市场定位、竞争商品价格及趋势变化、竞争商品销量，以及竞争商品成本等。

（5）选择定价方法。定价方法是指为实现定价目标所采取的具体方法。定价方法有很多，如锚定效应、折中效应、"诱饵"效应等，商家应根据实际需求进行定价。

（6）确定价格。根据不同的定价目标，确定商品的定价或者价格范围。

知识拓展

调拨价又称"转移价"或"划拨价"，主要是指企业内部进行购买或销售的价格，目的在于减轻纳税负担，提升企业的盈利水平。

（二）商品定价策略

常用的商品定价策略主要有 3 种，分别是基于成本的定价、基于竞争对手的定价和基于商品价值的定价。

1. 基于成本的定价

基于成本的定价是比较简单的定价策略，其计算公式如下。

$$价格=成本+期望的利润额$$

基于成本的定价策略重点是成本的核算。部分店铺在核算成本时，仅计算了商品成本，可能导致利润虚高。实际上，核算成本时，除了商品成本，还涉及人工成本、运营成本等。图 3-8 所示为店铺成本的构成情况，商家在计算商品成本时可适当参考。

2. 基于竞争对手的定价

采用基于竞争对手的定价策略，商家需要监控直接竞争对手对特定商品的定价，并设置与其相对应的价格。需要注意的是，这种定价策略可能会造成恶意竞争。例如，在淘宝上销售某件商品时，某商家发现竞争对手将商品价格定为 199 元，为了赢得价格优势，就将同款商品价格定为189 元。随后，竞争对手又将价格降到 179 元。这种恶性竞争会导致双方不断采取降价措施，极力压缩利润空间，破坏市场良性竞争环境。

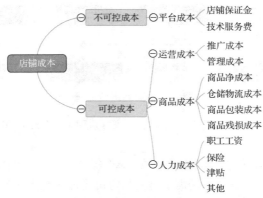

图 3-8　店铺成本的构成情况

3.　基于商品价值的定价

商家根据消费者对商品或服务的感知价值进行定价就是基于商品价值的定价策略。例如，就雨伞而言，天气晴朗时，消费者对雨伞的感知价值相对较低，这是因为消费者的需求较小；但在下雨时，消费者对雨伞的感知价值则可能会提升，甚至有些消费者愿意支付高于平均市场价的金额，这是因为他们对雨伞有很大的需求。也就是说，在这种定价策略下，商品价格是以消费者的感知价值为基础的。

基于商品价值的定价策略是较复杂的一种定价策略，采用这种策略需要开展市场研究和消费者分析，了解目标消费群体的关键特征，考虑消费者购买的原因，了解消费者需要的商品功能，知晓价格因素对消费者购买决策的影响程度。

（三）商品定价方法

商品价格不仅决定了消费者的支付成本，而且决定了商品所处的竞争领域，决定了不同的商品资源配置。因此，商家需要掌握以下常见的商品定价方法。

1.　锚定效应

锚定效应是指当人们需要对某个事件做定量估测时，会将某些特定数值作为起始值，这个起始值像锚一样制约着估测值。将锚定效应应用到商品定价中，可以让消费者在心理上产生此效应，从而认可商品的价格。例如，商品详情页中的划线价对消费者来说就是一个价值参照"锚"，如图 3-9 所示。通过对比将划线价作为锚定基础，可以给消费者营造一种便宜的感觉，从而促使消费者尽快下单购买商品。

图 3-9　划线价

2.　损失厌恶

损失厌恶是指人们面对同样数量的收益和损失时，损失会更加令他们难以忍受。同量损失带来的负效用是同量收益带来的正效用的 2.5 倍。损失厌恶反映了人们的风险偏好并不是一致的，当涉及收益时，人们表现为风险厌恶；当涉及损失时，人们则表现为风险喜好。应用到商品定价中，则可以采用非整数定价、尾数定价和价格分割等方式，放大消费者对收益的感知，缩小消费者对损失的感知。

（1）非整数定价。非整数定价会给消费者留下"定价准确"的印象，从而让消费者相信价格的合理性。例如，如果商品定价为 10 元，消费者可能会怀疑商家故意收零为整，但若将商品定价为 9.8 元，消费者则倾向于认为商家在定价时十分慎重，并没有随意决定商品价格。也就是说，为商品定价时，即便是相近的价格，非整数往往比整数更容易获得消费者的认可。图 3-10 所示为淘宝中的不同商品，大多数采用了非整数定价。

图 3-10 非整数定价

⏰ **提示**

非整数定价的对象一般是价格较低的商品，价格超过百元或更高的商品则不适用。

（2）尾数定价。199 元和 201 元虽然只相差 2 元，但在消费者心里，前者只需要 100 多元，后者却高于 200 元。鉴于消费者这种心理特征，商家在设置商品价格时，尾数经常会用"9"或"8"，这对商家来说影响不大，但会让消费者感觉价格低了许多。图 3-11 所示为使用尾数定价的商品。

图 3-11 尾数定价

（3）价格分割。价格分割可以让消费者在购买商品时感觉十分实惠。例如，经营独立包装曲奇饼干的商家，直接按"块"定价，每块饼干的价格为 2～5 元。这种定价方法给消费者的直观感受是商品不贵，甚至便宜。事实上，消费者一般不可能只买一块曲奇饼干，一般是批量购买，这就间接提高了商品的销量。

3. 折中效应

折中效应是指当消费者在偏好不明确的情况下，往往更喜欢价格处于中间位置的商品，这是因为中间的选项往往看起来更安全，不至于犯下严重的决策错误。例如，就购买橙汁而言，A 橙汁售价为 12 元，B 橙汁售价为 25 元，结果显示，各有 50% 的人选择了 A 橙汁和 B 橙汁；如果增加一种商品，A 橙汁售价为 12 元，B 橙汁售价为 25 元，C 橙汁售价为 38 元，此时大约有 70% 的人选择了 B 橙汁，20% 的人选择了 A 橙汁，10% 的人选择了 C 橙汁。这就是折中效应，最便宜的未必是最受欢迎的，商家在给商品定价时最好选择价位段中部。

4. "诱饵"效应

"诱饵"效应是指人们对两个不相上下的选项进行选择时，因为第 3 个新选项（"诱饵"）的加入，会使某个旧选项显得更有吸引力。被"诱饵"帮助的选项通常称为"目标"，而另一选项则称为"竞争者"。"诱饵"效应在定价上的应用主要有套餐绑定和价格筛选两种。

（1）套餐绑定。利用套餐绑定的方法可以实现利润最大化。例如，就服装店铺而言，甲愿意为连衣裙支付 199 元，为鞋子支付 119 元；乙更偏爱鞋子，愿意为鞋子支付 199 元，为连衣裙支付 119 元。要想同时留住两类消费者且实现利润最大化，商家可以这样定价：连衣裙 199 元、鞋子 199 元，"连衣裙+鞋子" 318 元。这种套餐绑定的方式能让消费者一次性购买更多商品。

（2）价格筛选。价格筛选是指通过有意调高定价吸引消费者购买主营商品。例如，两家数码相机专营店，同时经营多个数码相机品牌，A 店主营甲品牌，B 店主营乙品牌。在定价时，A 店可以将甲品牌商品定价为 4 999 元，乙品牌商品定价为 5 099 元，从而获取想购买甲品牌商品的消费者；相反，B 店可以将乙品牌商品定价为 4 999 元，因为甲品牌不是主营品牌，可以调高其定价。

 素养小课堂

商家在运营过程中，商品定价方法只是辅助手段，遵纪守法、诚信经营才是根本。无论做人还是做事，投机取巧、偷奸耍滑等行为都是不可取的。

知识拓展

满额定价也是一种常用的定价方法，即结合店铺满减或者满折活动的定价方法，合理地设置价格来提高商品的销售量，图 3-12 所示为某店铺满减活动展示页面。

图 3-12　满减活动展示页面

🍵任务演练 1：为 KK 旗舰店规划店铺主营品类

【任务目标】

结合商品的销售数据对店铺的主营品类进行重新布局，助力商品的推陈出新，促使消费者对有效商品的购买，并确保主营商品的销售份额。

【任务要求】

本次任务的具体要求如表 3-2 所示。

表 3-2　　　　　　　　　　　　　　　　　　任务要求

任务编号	任务名称	任务指导
（1）	分析店铺主营品类	提取并分析成交金额占比和搜索点击量占比数据
（2）	结合成交金额确定主营品类	将成交金额最高的商品作为店铺的主营品类

【操作过程】

（1）可视化数据指标。打开"商品交易指数.xlsx"工作簿，其中包含咖啡子类目的成交金额占比、访客数占比、搜索点击量占比等数据，如图 3-13 所示，从中选取成交金额占比和搜索点击量占比进行数据可视化展示。选择 B2:C7 单元格区域，在按住【Ctrl】键的同时，加选 E2:E7 单元格区域，然后单击【插入】/【图表】组中的"插入柱形图或条形图"按钮 ▋▋，在打开的下拉列表中的"三维条形图"栏中选择"三维簇状条形图"选项，如图 3-14 所示。

微课视频

为 KK 旗舰店规划
店铺主营品类

咖啡行业商品经营概况				
行业	子类目名称	成交金额占比	访客数占比	搜索点击量占比
咖啡	速溶黑咖啡	45.60%	43.20%	40.23%
咖啡	胶囊咖啡	27.50%	35.80%	29.20%
咖啡	三合一咖啡	18.30%	20.50%	21.40%
咖啡	挂耳咖啡	13.30%	15.50%	17.30%
咖啡	冻干咖啡	10.60%	13.80%	12.60%

图 3-13　商品交易指数

（2）设置图表标题和布局。将条形图标题更改为"咖啡子类目成交金额占比与搜索点击量占比"，然后在【图表工具 设计】/【图表布局】组中单击"快速布局"按钮 ▋▋，在打开的下拉列表中选择"布局 5"选项，效果如图 3-15 所示。

图 3-14　插入三维簇状条形图

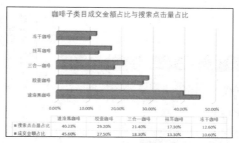

图 3-15　创建的三维簇状条形图

扫码看彩色图

（3）分析店铺主营品类。由图 3-15 所示的三维簇状条形图可知，速溶黑咖啡、胶囊咖啡、三合一咖啡的成交金额占比和搜索点击量占比位列前三，说明这 3 个子类目的市场需求较高，KK 旗舰店可以优先考虑将其作为主营品类。

（4）结合成交金额确定主营品类。结合 KK 旗舰店近 1 年的成交金额数据（见图 3-16），店铺内成交金额最高的商品是速溶黑咖啡，因此店铺可以考虑将速溶黑咖啡作为主营品类。

图 3-16　KK 旗舰店近 1 年的成交金额数据

任务演练 2：对主营品类商品进行定位规划

【任务目标】

完成店铺主营品类的布局后，接下来小赵将对店铺新增的主营品类商品进行定位规划，如哪些商品适合作为引流款商品，哪些商品适合作为活动款商品等，为店铺后续的营销计划提供参考依据。

【任务要求】

本次任务的具体要求如表 3-3 所示。

表 3-3 　　　　　　　　　　　　　　任务要求

任务编号	任务名称	任务指导
（1）	整理店铺商品的销售数据	利用组合图的方式将销售数据进行可视化展示
（2）	对主营品类商品进行定位规划	根据商品的不同分类对主营品类商品进行定位

【操作过程】

（1）整理店铺商品的销售数据。打开"KK 旗舰店销售数据.xlsx"工作簿，选择 A1:E5 单元格区域，在【插入】/【图表】组中单击"插入组合图"按钮 ，在打开的下拉列表中选择"创建自定义组合图"选项，如图 3-17 所示。打开"插入图表"对话框，在"下单件数"系列的"图表类型"下拉列表中选择"簇状柱形图"选项，选中"利润率"系列对应的"次坐标轴"复选框，然后单击 确定 按钮，如图 3-18 所示。

微课视频

对主营品类商品
进行定位规划

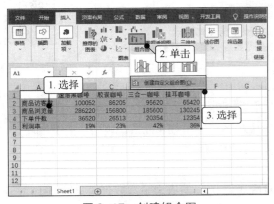

图 3-17　创建组合图

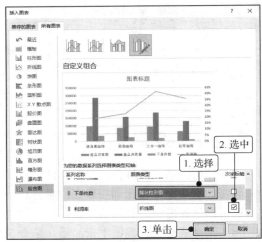

图 3-18　设置图表类型和次坐标轴

（2）更改图表标题和布局。返回工作表，将图表标题更改为"主营商品销售数据"，然后单击【图表工具 设计】/【图表布局】组中的"快速布局"按钮，在打开的下拉列表中选择"布局 5"选项，效果如图 3-19 所示。

（3）对主营品类商品进行定位规划。由图 3-19 可知，三合一咖啡的利润率最高，且浏览量排名第二，因此，店铺可以将其定位为利润款商品或形象款商品；速溶黑咖啡的浏览量最高，店铺可以将其定位为引流款商品；胶囊咖啡的下单件数排名第二，但利润率较低，店铺可以将其定位为热销款商品。

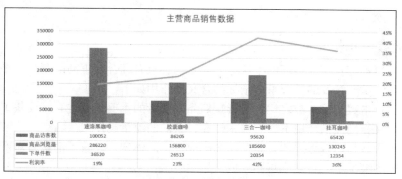

扫码看彩色图

图 3-19　主营商品销售数据图表效果

任务二　对新品与热销商品进行数据化分析

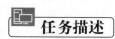
任务描述

　　小赵很快完成了 KK 旗舰店的商品规划和定位工作，并得到了老李的夸奖，接下来，他将对店铺的新品和热销商品进行数据化分析。老李先让小赵利用工具测试新品，然后对热销商品进行数据化运营。小赵在老李的指导下明确本次的任务（见表 3-4）后便着手分析数据。

表 3-4　　　　　　　　　　　　　　　任务单

任务名称	对新品与热销商品进行数据分析	
任务背景	在对 KK 旗舰店的商品进行重新规划和定位后，店铺主营商品的成交量有了明显提高。为进一步引流和获取更多利润，KK 旗舰店需要为店铺上架新品，并尽可能将新品打造为热销商品，以此巩固店铺的行业地位	
任务类别	☐采集数据　☐处理数据　■分析数据　☐制订报告/计划	
所需素材	配套资源：\素材文件\项目三\任务二\新品测试数据.xlsx	
工作任务		
任务内容	**任务说明**	
任务演练1：通过淘宝直通车测试店铺新品	① 计算测试数据的主要指标 ② 分析加购率、收藏率和点击率 3 个关键指标	
任务演练2：将新品打造为热销商品	① 设计商品详情页 ② 对新品进行全面推广 ③ 监控新品的引流效果和交易情况，并进行数据复盘	
任务总结：		

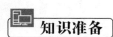
知识准备

一、新品数据化测试

　　新品数据化测试可以通过短期的市场投放获取需要的反馈数据信息，从而进一步完善商品规划。通过测试，商家可以采用优胜劣汰的方式选出符合店铺需求的商品，并根据数据分析商品的销售情况，最大程度优化库存。

（一）测试的主要参考指标

新品上架之后，每时每刻都在接受市场的考核。一般来说，只有综合权重高的商品，平台才会分配更多的流量。新品测试时涉及的主要参考指标的含义和作用如下。

（1）点击率。即商品点击数与访客数之比，是影响商品展现量的重要指标之一，反映了消费者对商品感兴趣的程度。在相同测试环境下，点击率越高，获取的流量越多。

（2）转化率。即下单人数与访客数之比，是商品实际成交量的体现，反映了消费者对产品的接受程度。在访客数相同的情况下，转化率越高，成交量越高。

（3）收藏率。即收藏人数与访客数之比，反映了商品的购买潜力。

（4）加购率。即加入购物车人数与访客数之比，反映了消费者对该商品的购买意愿和持续消费意愿。

（5）UV价值。即客单价与转化率的乘积，反映了单个访客的贡献价值。UV价值越高，单个访客的贡献价值越高，相同流量所贡献的整体交易金额也越高。

（6）UV利润。即商品毛利与转化率的乘积，反映了单个访客贡献利润的能力。UV利润越高，相同流量所贡献的整体利润就越高。

（二）测试方法

商品数据化测试方法分为免费和付费两大类。其中，免费测试方法包括老客户测试、关联销售测试、"种草"测试3种；而付费测试方法一般基于电商平台的付款工具，如淘宝直通车。针对不同的新品情况，店铺应选择合适的测试方法，如新店铺无法采用老客户测试，但可选择关联销售测试或付费测试方法。

1. 老客户测试

老客户测试是指将店铺老客户全部引导至微信公众号（或微信群），然后在微信公众号中发布投票测款，并设置奖励积分或优惠券等，最后根据投票结果反馈新品的潜力。这种方法适合老客户多、复购率高的店铺。

2. 关联销售测试

关联销售测试是指利用店铺热销商品及引流商品等为店铺其他商品引流，以此带动店铺其他商品的销售。一般来说，商家可以在店铺推荐位添加测试商品，或者在详情页首页添加关联海报，测试商品的点击率、收藏率、转化率等数据。

除此之外，商家还可以组合商品，即将测试商品与引流商品或者热销商品进行组合，图3-20所示为组合商品示例。

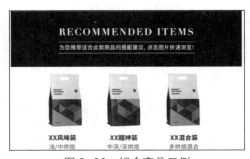

图3-20 组合商品示例

知识拓展

关联销售是指在消费者购买商品后，向消费者推荐与该商品相关的其他商品，以引导消费者进一步购买商品。

3. "种草"测试

"种草"测试是指通过图文"种草"、视频"种草"、达人直播等方式推广新品，促进商品曝光，图 3-21 所示为图文"种草"示例。"种草"测试一般采用"服务费+佣金"的投入模式，需要设定严格的 KPI（Key Performance Index，关键绩效指标）和 ROI（Return on Investment，投资回报率）考量指标，避免出现投入过大但推广效果不佳的情况。

图 3-21 图文"种草"示例

4. 淘宝直通车

淘宝直通车是一款用于商品推广的热门工具，也是少量商品或重点商品有效的测试工具之一。它可以获取商品在搜索入口的反馈数据，能直观反映商品在搜索环境中的表现。

使用淘宝直通车时，应该通过加购率（即加购人数与访客数之比）判断该款测试商品的情况。进入生意参谋"品类"功能的"宏观监控"板块，在"核心指标监控"栏中可以查看商品加购人数和商品访客数，利用这两项数据便可计算商品的加购率。表 3-5 所示为新品测试数据，从生意参谋采集测试商品的加购人数和访客数后，经计算得出加购率。由计算结果可知，这几款商品的加购率均在 10% 以上，说明商品具有成为优质商品的潜力。

表 3-5　　　　　　　　　　　　　　　新品测试数据

测试商品	加购人数	访客数	加购率
商品 A	235	542	43.36%
商品 B	325	615	52.85%
商品 C	268	568	47.18%

利用淘宝直通车测试商品时，系统会推荐与商品匹配的关键词。商家可以使用这些关键词进行筛选，这样更容易控制关键词推广的流量来源。不同的关键词得到的搜索结果也不同，一般来说，商家可以选择 15～20 个关键词，设置统一出价。如果排名靠前，数据量相对较大，那么测试时间就会缩短。

提示

商家在选择关键词时，应考虑让关键词适用所有的测试商品，这样才能保证关键词测试能够处于同样的搜索环境，从而确保推广效果。

（三）测试后数据分析

开展新品数据化测试后，可以将主要的测试指标整理到 Excel 中，得到所有测试商品的点击率、转化率、收藏率、加购率、UV 价值、UV 利润等数据。如果想完整地展示测试数据，还可以在此基础上增加"访客量""点击量""交易量""收藏量""加购量"等数据。

图 3-22 所示为获取并整理到 Excel 中的商品测试数据，图 3-23 所示为计算后的商品测试数据。

B 测试商品	C 客单价	D 访客量	E 点击量	F 交易量	G 收藏量	H 加购量	I 点击率	J 转化率	K 收藏率	L 加购率	M UV价值
定制杯	30.12	526	428	154	86	123					
马克杯	20.06	912	833	254	176	197					
保温杯	24.36	401	312	87	30	58					

图 3-22　获取并整理到 Excel 中的商品测试数据

B 测试商品	C 客单价	D 访客量	E 点击量	F 交易量	G 收藏量	H 加购量	I 点击率	J 转化率	K 收藏率	L 加购率	M UV价值
定制杯	30.12	526	428	154	86	123	81.37%	29.28%	16.35%	23.38%	8.82
马克杯	20.06	912	833	254	176	197	91.34%	27.85%	19.30%	21.60%	5.59
保温杯	24.36	401	312	87	30	58	77.81%	21.70%	7.48%	14.46%	5.29

图 3-23　计算后的商品测试数据

由图 3-23 可知，3 款杯子的加购率均超过 10%，说明新品的测试效果较好。另外，马克杯与定制杯的加购率和转化率较高，但 3 款杯子的收藏率和点击率都偏低，这就要求店铺后期做好相关优化工作，如设置引导收藏店铺页面、开展促销活动等。

> **提示**
>
> 商品测试的时间周期一般控制在 1~2 周，周期过短或过长都不利于分析。同时，还要综合考虑日期与促销节点，尽量避开特殊的时间节点进行商品测试，如"双十一"前后、"6·18"前后等。

二、热销商品打造

热销商品对店铺来说是非常重要的，有些热销商品可以支撑店铺全年的运营，更为重要的是，热销商品还会增加店铺的商品权重，使得消费者搜索相关商品时，店铺的商品排名靠前，这样可以带动店铺其他商品的销售。一般来说，热销商品打造可以分为 4 个阶段，分别是筛选期、培养期、成长期和成熟期。

（一）筛选期

筛选期主要围绕选品开展工作，选品直接关系到店铺的销售额和消费者的满意度，若选品出现问题，店铺的运营就会出现严重问题。选品时，店铺可以从市场需求分析和数据分析两方面入手。

1．市场需求分析

通过分析市场需求，了解市场环境，从而确立店铺的热销款商品。一般来说，店铺可以搜索关键词查看行业销量前三的商品，从而确定自己的目标商品。以淘宝为例，在淘宝中输入关键词"咖啡"（见图 3-24），以"销量从高到低"为筛选条件，查看平台近 30 天的咖啡销售情况。

图 3-24　淘宝中咖啡的销售情况

（1）从销量来看。由图 3-24 可知，"美式""纯黑咖啡""鲜萃咖啡液"的成交量较高，其中，平台成交量最高的美式纯黑咖啡粉超过 6 万件。

（2）从价格来看。平台中排名靠前的咖啡价格区间为 9.9～29.9 元，这可以看出价格也是影响成交转化的重要因素之一。

（3）从商品属性来看。平台中咖啡盒装、袋装、瓶装的成交量大，这说明便携易带的咖啡更受消费者的青睐。

2. 数据分析

从店铺内选择 5～6 款比较有潜质的商品，加入淘宝直通车测试一周，然后根据淘宝直通车的数据选择高点击率、高转化率、高点击量的商品作为热销款。

（二）培养期

确定热销商品后，店铺便进入热销商品的培养期。在此阶段，店铺的主要任务是商品页面优化和推广引流。

1. 商品页面优化

商品页面优化包括相关商品的推荐和主推款海报、商品卖点展示、商品细节展示及优化商品标题等。图 3-25 所示为商品页面优化示例。

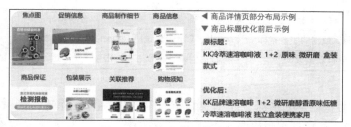

图 3-25　商品页面优化示例

2. 推广引流

为选定的商品进行集中引流，以此提高销量和口碑。推广方式和工具有多种，包括免费和付费，店铺可根据自身实际情况及推广预算选择合适的推广方式和工具。假设用淘宝直通车进行推广，那么店铺就要为商品筛选关键词，此时可借助店铺后台推广工具中的关键词的搜索分析选词，寻找搜索热度高、竞争较小的关键词，并提高关键词出价。同时，要设计好商品推广主图，设计要点是突出商品卖点和消费者的需求点，以便达到提高点击率和转化率的效果。

（三）成长期

经过培养期，所选商品的流量和转化率得到了提高，并趋于平稳。在成长期，店铺要做的核心工作就是加大推广力度，并监测与跟踪商品各项运营数据。

（1）加大推广力度。加大淘宝直通车推广力度，如继续优化关键词（删除质量得分低的关键词和无转化且点击成本高的关键词等），提高点击率和质量得分。

（2）数据监测与跟踪。持续跟踪数据效果，重点监控引流效果数据指标和交易分析数据指标，并及时对数据进行复盘分析。

① 引流效果数据指标，包括展现量、点击量、访客数、销量、异常指标、跳失率、客单价等。

② 交易分析数据指标，包括下单金额、下单量、转化率、件数、客户分析、来源占比等。

（四）成熟期

在推广活动结束后，所选商品的流量、转化、销量等都已接近峰值。在成熟期，店铺内交易量会有明显提高，此时，商家要格外注意商品的追单，保证售前、售后服务的质量，若此时的服务质量下降，将严重影响店铺以后的销售情况。此外，店铺一定要做好热销商品对店铺其他商品的关联销售，以求带动整个店铺商品的销量。

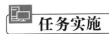 **任务实施**

任务演练1：通过淘宝直通车测试店铺新品

【任务目标】

将胶囊咖啡、挂耳咖啡、卡布奇诺咖啡等新品的淘宝直通车测试数据整理到 Excel 中，然后计算并分析各测试指标，从而判断新品的发展潜力。

【任务要求】

本次任务的具体要求如表3-6所示。

表3-6　　　　　　　　　　　　　　　　　任务要求

任务编号	任务名称	任务指导
（1）	计算测试数据的主要指标	利用公式计算 Excel 中显示的主要指标数据
（2）	分析测试数据	分析加购率、收藏率和点击率3个关键指标

【操作过程】

（1）计算测试数据的主要指标。打开"新品测试数据.xlsx"工作簿，选择 I2:I4 单元格区域，然后在编辑栏中输入公式"=E2/D2"，如图3-26所示，按【Crtl+Enter】组合键，得出商品的转化率。继续利用公式计算点击率、收藏率、加购率、UV 价值、UV 利润等数据，最终计算结果如图3-27所示。

> **微课视频**
>
> 通过淘宝直通车
> 测试店铺新品

图3-26　计算转化率

图3-27　最终计算结果

（2）分析测试数据。由图 3-27 可知，3 种咖啡的加购率都超过了 10%，其中，胶囊咖啡的加购率更是达到了 24.16%，胶囊咖啡的加购率和转化率都比较高，但 3 种咖啡的收藏率和点击率都偏低，这说明店铺后期需要做好相关的优化设置，如主图优化、详情页调整、活动策划等。

技能练习

请尝试使用关联销售测试方法，在商品详情页中加入关联海报链接，测试新品胶囊咖啡的点击率、收藏率、转化率等数据，然后利用 Excel 整理并处理测试数据，从中分析新品测试的结果。

任务演练 2：将新品打造为热销商品

【任务目标】

为 KK 旗舰店完成新品测试工作后，小赵将应商家要求，把各项数据表现较好的胶囊咖啡打造为店铺的热销商品。

【任务要求】

本次任务的具体要求如表 3-7 所示。

表 3-7　　　　　　　　　　　　　　　任务要求

任务编号	任务名称	任务指导
（1）	详情页设计	合理布局详情页结构，提高店铺流量和点击率
（2）	推广新品	选择适合店铺的推广方式对主推新品进行全面推广
（3）	数据监控与分析	监控商品的引流效果和交易情况，并进行数据复盘

【操作过程】

（1）详情页设计。对胶囊咖啡的主推海报、商品卖点等进行设计，效果如图 3-28 所示。

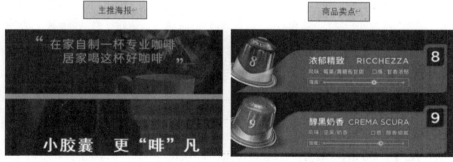

图 3-28　商品详情页设计

（2）推广胶囊咖啡。KK 旗舰店以淘宝直通车为主要推广方式对胶囊咖啡进行推广，此时，继续优化关键词，对于展现量高、点击率高的关键词，店铺可以适当加大推广力度，保证排名靠前；对于展现量高、点击率低的关键词，店铺可以更改匹配方式、适当降低出价。如果经过调整，点击率仍没有提高，则可考虑删除关键词。同时，优化推广内容，如在商品详情页中增加推广链接，并保证链接内容的准确性和可读性。

> ⏰ **提示**
>
> 　　选择的关键词要求与店铺商品的匹配度高，要尽可能选择能描述商品细节的关键词，以精准地表达商品。

　　（3）活动策划。确定活动主题和目标后，搭建活动页面，匹配相应的推广计划。常见的活动方式包括满送（减）、加送、折扣、发优惠券及清仓等。表 3-8 所示为胶囊咖啡活动策划表。

表 3-8　　　　　　　　　　　　　　　　胶囊咖啡活动策划表

活动时间	活动细则	优惠券使用说明
6 月 30 日 20:00 正式开始，7 月 2 日 23:59 结束	6 月 30 日 20:00—23:59 抢 1 件折上 9 折、全场任意买 2 赠 1（袋装黑咖啡 50g）	官方满减：每满 199 元减 30 元 店铺券：满 100 元减 20 元

　　（4）数据监控与分析。推广工作结束后，店铺还应持续跟踪数据效果，监控商品的销售情况，重点监控引流效果数据和交易分析数据，如图 3-29 所示。

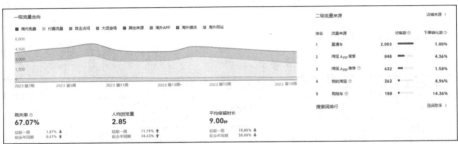

扫码看彩色图

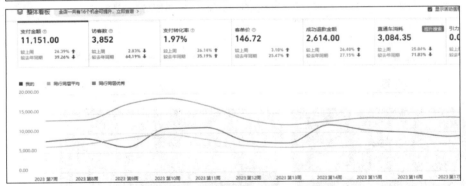

图 3-29　引流效果数据和交易分析数据

任务三　库存数据分析

📋 **任务描述**

　　小赵完成前面两个任务后，KK 旗舰店的商品运营数据有了质的改变，但现在还有一个难题需要小赵解决，那就是库存。于是，小赵将 KK 旗舰店的库存数据分析工作分为两个部分，并填写了任务单（见表 3-9）。

表 3-9　　　　　　　　　　　　　　　　　任务单

任务名称	库存数据分析	
任务背景	由于前段时间不合理的商品规划，KK 旗舰店的部分商品出现了库存积压的现象，为了解决库存问题，减轻店铺压力，KK 旗舰店需要分析当前的库存结构，并制定相应的库存优化策略，以便更有效地管理商品	
任务类别	■采集数据　　　■处理数据　　　■分析数据　　　□制订报告/计划	
所需素材	配套资源：\素材文件\项目三\任务三\根据销售趋势规划库存.xlsx、商品库存表.xlsx	
工作任务		
任务内容	任务说明	
任务演练 1：分析 KK 旗舰店商品库存天数	① 在生意参谋中采集支付件数和库存件数 ② 使用公式计算库存天数 ③ 使用 IF 函数设置库存预警信息	
任务演练 2：根据商品销售趋势规划库存数据	① 利用折线图将销售数据可视化 ② 添加趋势线分析销售趋势 ③ 结合趋势线和可用库存指标规划商品库存	
任务总结：		

知识准备

一、库存分析

当商品热销时，如果库存不足且来不及补货，就会导致无法满足消费者的需求，进而影响店铺销售额；而当商品滞销时，如果库存过多，就会增加仓储和管理成本。因此，商家应及时分析店铺库存，了解商品库存数量是否合理，帮助店铺降低库存成本、减少库存积压，从而规避风险，提高店铺的盈利能力。

（一）库存的含义

从字面来看，库存是指仓库中实际存储的货物。而在电商领域，库存一般从仓库、调运、销售 3 个层面进行区分。

（1）仓库层面。从仓库层面来说，仓库中的库存是库存基础，决定销售层面可售卖的商品。针对该层面，在分析库存结构时，涉及的分析指标有可用库存（可正常发货的库存，不包括锁定库存）、锁定库存（当订单分配后锁定的库存）、出库库存（订单已确认，通过物流中心确认出库的库存）、呆滞库存（到达仓库后一年以上未出库的库存）等。

（2）调运层面。从调运层面来说，调运中的库存就是库存的分配中心，决定哪些商品由哪些仓库分配。针对该层面，在分析库存结构时，涉及的分析指标有账面库存（包括仓库中实际存在的库存）、调拨占用库存（调拨未完成占用的库存）、在途库存（订单已发起，但未抵达仓库的库存）、已用库存（已经分配的库存）等。

（3）销售层面。从销售层面来说，销售中的库存就是商家面向消费者的库存，即有多少商品可以卖，哪些商品缺货、调货、即将有货等。针对该层面，在分析库存结构时，涉及的分析指标有可售库存（可销售的商品数量，见图 3-30）、锁定库存（消费者下单后为其锁定的库存，消费者付款后，锁定库存减少的同时增加已售库存）、活动库存（商家在促销活动期间专门设置的独立库存）、预售库存（根据预售期间的订单而预留的库存，本质上也属于活动库存）等。

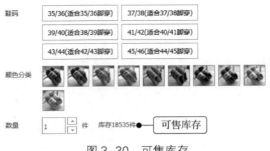

图 3-30　可售库存

（二）库存关键指标

想要全面控制库存，就需要掌握库存的相关数据指标。以 B2C（Business to Customer，企业对消费者）电子商务为例，商品库存的关键指标有安全库存数量、库存天数、库存周转率、动销率、滞销率，以及广度、宽度、深度等。

（1）安全库存数量。安全库存数量是判断库存数量过高或过低的参考标准。服装、电器等行业多使用具体的数值作为安全库存数量，其优点是直观、明了，能够直接与现有库存对比来发现差异；缺点是没有和销售数据挂钩，在目前商品销售具有节奏性、季节性的前提下，显得不够精准和灵活。例如，以 2 000 套作为安全库存数量，淡季可能会显得过高，旺季则可能显得过低。因此，许多店铺会按照季节性或行业淡旺季的情况，有弹性地设置安全库存数量。

（2）库存天数。库存天数可以有效衡量库存滚动变化的情况，是指电商企业根据自身的库存水平和销售速度计算出的库存可支持的天数，是衡量库存在可持续销售期的追踪指标。库存天数的优势是既考虑了销售变动对库存的影响，又可以将"总量—结构—SKU"体系的安全库存数量统一化管理，库存天数的计算公式如下。

库存天数=期末库存数量÷（某销售期的销售数量÷该销售期天数）

（3）库存周转率。库存周转率是指在一个时间段内库存消耗的周转情况，是衡量库存消耗快慢的指标。库存周转率越高，表示商品的销售越好，库存越少。指标一般以月、季度、半年或年为周期。库存周转率的计算公式如下。

库存周转率=使用数量÷库存数量×100%

（4）动销率。动销率指在一定时间段内销售的商品数与总库存商品数之比，是衡量一家店铺和商品库存质量得分的重要指标。动销率分为店铺动销率和商品动销率。店铺动销率越高，店铺权重越高，不仅会使商品获得更多展现机会，而且能提高店铺报名参加官方活动的通过概率。商品动销率越高，搜索排名权重越高，获取更多流量的概率也就越大。店铺动销率和商品动销率的计算公式如下。

店铺动销率=店铺有销量的商品数量÷店铺在销售的所有商品总数×100%
商品动销率=已售出的商品÷商品总库存×100%

（5）滞销率。滞销率指滞销商品在总库存的占比，可以用数量衡量，也可以用金额衡量。该指标反映了库存中有多少商品是有风险的商品，滞销率越低，说明库存越健康。滞销率的计算公式如下。

滞销率=滞销商品库存金额÷总库存金额×100%

（6）广度、宽度、深度。广度指涉及的商品类目，宽度指商品各类目下的种类，深度指商品的 SKU 数量。通过分析这 3 个指标并将其与计划值对比，就能找到库存结构存在的问题。一般情况下，若这3个指标合理，库存结构就比较合理。

（三）库存结构分析

就店铺而言，商家只需控制有效库存和无效库存即可。有效库存指可以出售的商品库存。无效库存包含两种情况，一种是滞销商品、过季商品等对销售无太大帮助的库存，这类库存形同虚设，称为假库存；另一种是因残损、过期等无法继续销售的库存，称为死库存。

知识拓展

对大型连锁超市配送中心物流管理来说，SKU是一个必要方法，现在已经被引申为商品统一编号的简称，每种商品均对应唯一的SKU号。对同一种商品而言，当其品牌、型号、配置、等级、颜色、包装容量、单位、生产日期、保质期等属性中的任一属性与其他商品存在不同时，都对应一个不同的SKU号，称为一个单品。例如，一款拖鞋有蓝色、红色和黑色3种颜色，那么该拖鞋就有3个SKU号。

需要注意的是，同一个SKU号但属于不同批次的库存，既可以在有效库存中，又可以在死库存中。例如，某品牌350ml规格的果汁，总库存为1000瓶，其中200瓶为过期商品，属于死库存，因此该商品的有效库存只有800瓶。

店铺可以利用"总量—结构—SKU"这个体系，从宏观到微观逐步分解店铺库存的构成。图3-31所示为某女装店铺的库存结构。从总量来看，该店铺的无效库存占比为25%；从类目来看，衣服、裤、裙3类商品占据了大部分的库存量，同时2023年的库存量较大；从SKU来看，主价位和低价位的库存较多。

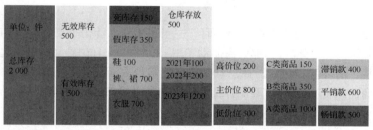

图3-31　某女装店铺的库存结构

（四）库存数量分析

在店铺运营的过程中，商家要合理控制商品库存数量，既要保证商品供应充足，满足日常销售所需，又不能有太多积压，产生较高的仓储成本，因此需要分析库存数量，为店铺的入库数量提供数据支持。图3-32所示为某店铺的商品出入库记录表，对比期末数量和安全库存数量可知，型号为ATF1101和ATF1102的商品期末数量过多，其余3款商品的期末数量都少于安全库存数量，需要适度补货。

商品型号	入库时间	期初数量	入库数量	出库数量	期末数量	安全库存数量
ATF1101	2023/5/20	200	320	300	220	100
ATF1102	2023/5/20	300	128	285	143	80
ATF1103	2023/5/20	268	230	450	48	50
ATF1104	2023/5/20	550	102	500	152	200
ATF1105	2023/5/20	320	225	460	85	100

图3-32　商品出入库记录表

（五）库存健康度分析

库存健康度分析是指针对库存的实际情况，以一定的指标进行测验，判断库存是否处于健康水平，是否存在造成经济损失的风险。衡量库存健康与否的指标包括库存周转率、库存动销率和库存滞销率。

（1）库存周转率分析。分析库存周转率时，首先利用公式计算各商品或 SKU 的库存周转率，然后建立四象限图。图 3-33 所示为库存周转率四象限图，其中横坐标轴代表库存天数，纵坐标轴代表库存周转率。假设标准库存天数为 30 天，标准季度周转次数为 3 次，那么图 3-33 中位于坐标轴交叉点附近的商品或 SKU 的库存都比较安全；位于左上角象限内的商品库存天数低、周转率高，容易出现断货风险，应及时补货；位于右下角象限内的商品库存天数高、周转率低，容易出现死库存，应特别重视。

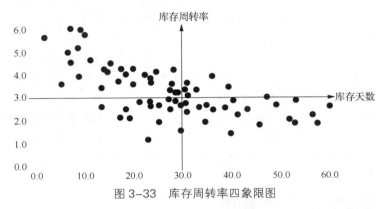

图 3-33　库存周转率四象限图

（2）库存动销率分析。分析库存动销率时，一般采用商品动销率指标。例如，店铺有 200 个 SKU，本月有 80 个 SKU 有销售，那么商品动销率=80÷200×100%=40%，由此可见，商品动销率较低，说明店铺库存不是很健康。商品动销率低通常是由滞销商品导致的，除此之外，还要分析具体原因，如商品缺货（断码）、商品停销、同质商品过多、品种结构问题等，找出问题后进行相应调整。

（3）库存滞销率分析。分析库存滞销率，可以避免库存不合理，降低存货管理成本。假设某店铺的滞销库存金额为 2 万元，总库存金额为 20 万元，则该店铺的库存滞销率=2÷20×100%=10%。一般情况下，滞销率在 2%～5% 比较合理，但该店铺的库存滞销率达到 10%，显然过高，此时店铺可以通过清理库存、加大促销活动力度、优化采购计划等措施降低库存滞销率。

二、库存规划分析

分析库存数据，并规划下个季度商品库存结构，是店铺在每个季度（或者每年每月）都应当开展的一项重要工作。通过库存规划分析，商家可以更好地了解库存管理状况，优化库存管理策略。

就电商领域而言，供应链一般会提供库存明细表，库存明细表可以直观地展现某段时间内所有商品的库存情况，如表 3-10 所示。其中，速溶黑咖啡的安全库存数量为 2 500 件，胶囊咖啡的安全库存数量为 3 200 件，三合一咖啡的安全库存数量为 3 000 件，挂耳咖啡的安全库存数量为 2 200 件。

调拨价一般是指企业内部规定的购买商品的价格，调拨价通常与商家的经营策略、内部控制、管理制度相关。货值则是以调拨价为基础，计算商家仓库中实际存储货物的价值，如速溶黑咖啡的货值为 2 280×480=1 094 400。

表 3-10　　　　　　　　　　　　　　　　商品实时库存明细表

商品代码	商品名称	在库库存/件	在途库存/件	锁定库存/件	可用库存/件	调拨价/元	货值/元
A001	速溶黑咖啡 10 盒整箱装	5 630	1 520	3 350	2 280	480	1 094 400
A002	胶囊咖啡 8 盒整箱装	4 562	2 360	650	3 912	560	2 190 720
A003	三合一咖啡 10 盒整箱装	3 685	1 352	230	3 455	356	1 229 980
A004	挂耳咖啡 8 盒整箱装	6 520	500	4 550	1 970	418	823 460

　　表 3-10 直观地展现了在库库存、在途库存、锁定库存、可用库存等的实时状况。一般来说，店铺可以着重观察“可用库存”的数据。由可用库存可知，速溶黑咖啡和挂耳咖啡的可用库存低于安全库存，需要及时补货，防止出现缺货的情况；胶囊咖啡和三合一咖啡的可用库存高于安全库存，说明库存比较充足，能够很好地满足前端电商的销售。

三、库存优化策略

　　库存优化的核心在于做好库存预估，合理的库存预估可以帮助商家有效地避免库存不足、库存积压、滞销库存等问题。一般来说，要想做好库存预估，可以通过数据支撑、行业和商品变化分析两条途径来实现。

（一）数据支撑

　　数据支撑主要是指通过库存周期表预估店铺商品什么时候需要补货，以及需要补多少货等。表 3-11 所示为某女装店铺的库存周期表，其中，可售周数和补货数量参考值是判断店铺是否需要补货的重要指标，计算公式如下。

$$可售周数＝库存件数÷（成交件数÷销售周数）$$
$$补货数量参考值＝成交件数÷销售周数×补货周数－库存件数$$

　　其中，销售周数和补货周数需要提前设置。销售周数是指收集商品数据时选取的时间值，假设某女装店铺销售 1 000 件 T 恤用了两周时间，那么销售周数的取值就是 2；补货周数就是补货需要花费的时间，假设某女装店铺补货的时间需要两周，那么补货周数的取值就是 2。

表 3-11　　　　　　　　　　　　　　　　某女装店铺的库存周期表

商品名称	成交件数	库存件数	可售周数	补货数量参考值
牛仔裤	2 000	3 000	3	−1 000
T 恤	3 000	30	0.02	2 970
连衣裙	1 500	75	0.1	1 425
休闲裤	900	1 800	4	−900

　　由表 3-11 可知，牛仔裤和休闲裤的可售周数分别是 3 和 4，可安排下次补货，补货数量参考值分别为−1 000 和−900；T 恤和连衣裙的可售周数分别是 0.02 和 0.1，库存严重不足，需要立即

补货，补货数量参考值分别为 2 970 和 1 425。

（二）行业和商品变化分析

通过分析行业变化和商品变化开展库存优化工作，也可以发现和解决库存管理中存在的问题，最终使店铺库存实现最优化配置。

（1）行业变化分析。如果店铺所处行业整个市场都趋于下滑状态，那么商家就不能一味地按照预测补货值规划库存，而是需要借助平台的行业数据（如生意参谋的行业栏、京东商智的行业栏）查看整个行业的销售情况，然后通过增长率、同比、环比等数据判断未来行业是否会呈现销售上涨趋势，从而预测库存增补量。

（2）商品变化分析。除了通过分析市场环境规划商品库存外，商家还可以通过平台查看自家商品的销售情况，以便进行库存规划。如果某个商品在一段时间内（一般选取一周、一个月、一个季度）的销量呈现上涨趋势，说明该商品的销售需求和库存需求较大，需要及时做好增补准备；反之，如果销量呈现下滑趋势，说明该商品的销售需求和库存需求较小，此时商家就需要减少补货。

综上所述，商家可以通过以下 3 个策略优化店铺库存结构。

（1）合理预测销量。商家在进行库存规划时，要对店铺商品进行销量预测，在了解商品未来的销量后，才能避免出现库存不足或积压、滞销的情况。

（2）减少商品积压。对于某些库存数量过多的商品，商家可通过打折促销、公益捐赠等方式释放库存。

（3）灵活使用库存管理系统。一般情况下，店铺会有一套专门的库存管理系统，搭配预测补货表，通过数据支持，可以实现库存的合理规划。

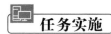 **任务实施**

任务演练 1：分析 KK 旗舰店商品库存天数

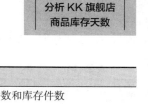

微课视频

分析 KK 旗舰店
商品库存天数

【任务目标】

通过采集和分析 KK 旗舰店的商品库存表，帮助店铺及时了解库存数据的变动情况，以确保店铺库存结构和规划的合理性。

【任务要求】

本次任务的具体要求如表 3-12 所示。

表 3-12 任务要求

任务编号	任务名称	任务指导
（1）	采集数据	在生意参谋的"品类"功能板块中采集单品的支付件数和库存件数
（2）	计算库存天数	使用公式计算库存天数
（3）	设置预警	利用 Excel 中的 IF 函数，设置加速销售、急待销售、急待补货等预警

【操作过程】

（1）采集数据。进入生意参谋的"品类"功能板块，选择左侧列表中的"商品 360"选项，在页面右侧采集店铺中某一个单品在指定时间段的下单件数（即支付件数）和库存件数，如图 3-34 所示。

图 3-34 采集数据

（2）计算库存天数。将采集到的每个单品的支付件数和库存件数整理到"商品库存表.xlsx"工作簿中，然后选择 F2:F7 单元格区域，在编辑栏中输入公式"=D2/(B2/C2)"，如图 3-35 所示，按【Ctrl+Enter】组合键计算库存天数。

（3）设置预警。在 Excel 中使用 IF 函数完成预警设置，具体公式为"=IF(F2-E2<=-15,"急待补货",IF(F2-E2<-7,"有待补货",IF(F2-E2<=7,"正常",IF(F2-E2<15,"加速销售","急待销售"))))"（库存天数与标准天数的差额在-7~7 的范围时，提示"正常"；如果在-15（不含）~-7（不含）的范围时，提示"有待补货"；如果在-15 及以下，提示"急待补货"；如果在 7（不含）~15（不含）的范围时，提示"加速销售"；如果在 15 及以上，提示"急待销售"），计算结果如图 3-36 所示。由计算结果可知，80 条 160g 装和 500g/罐装的速溶黑咖啡需要及时销售，其他商品中除 10 条 23g 装外的单品需要补货。

图 3-35 计算库存天数

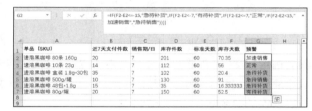

图 3-36 设置预警

技能练习

尝试以单品名称、标准天数和库存天数为数据源创建组合图，再通过组合图对比分析库存天数。其中，标准天数数据系列为柱形图，库存天数数据系列为次坐标轴的折线图。

任务演练 2：根据商品销售趋势规划库存数据

【任务目标】

分析 KK 旗舰店热销商品——胶囊咖啡的销售趋势，并以此规划商品库存数据，避免出现断货、积压等不良库存。

【任务要求】

本次任务的具体要求如表 3-13 所示。

表 3-13　　　　　　　　　　　　　　　任务要求

任务编号	任务名称	任务指导
（1）	销售趋势分析	利用折线图将销售数据可视化，再添加趋势线分析销售趋势
（2）	库存规划分析	结合趋势线和可用库存指标规划胶囊咖啡库存

微课视频

根据商品销售趋势
规划库存数据

【操作过程】

（1）插入折线图。打开"根据销售趋势规划库存.xlsx"工作簿，在"2023年上半年"工作表中选择 A1:G2 单元格区域，然后单击【插入】/【图表】组中的"插入折线图或面积图"按钮 ，在打开的下拉列表中选择"二维折线图"栏中的"带数据标记的折线图"选项，如图 3-37 所示。

（2）销售趋势分析。单击【图表工具 设计】/【图表布局】组中的"添加图表元素"按钮 ，在打开的下拉列表中选择"趋势线"/"线性预测"选项，如图 3-38 所示。图 3-39 所示为添加趋势线并显示趋势线公式后的效果。由趋势线可知，胶囊咖啡的整体销售呈现上升趋势，这说明商品是比较有潜力的，因此店铺可以做好库存增补准备。

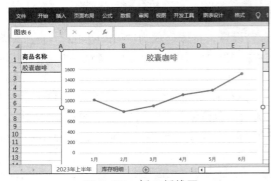

图 3-37　插入折线图

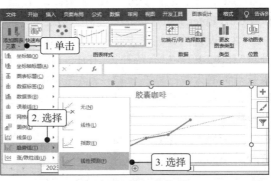

图 3-38　添加趋势线

（3）库存规划分析。单击"库存明细"工作表，在 F2 单元格中输入公式"=C2-E2"，计算出胶囊咖啡 2023 年 7 月的可用库存为"670"，如图 3-40 所示。结合图 3-39 可知，胶囊咖啡 7 月的销量最高可达到 1 490（113.23×7+697.2），但可用库存量远低于此销量，所以店铺急需增补的商品数量预估为 820（1 490-670）。

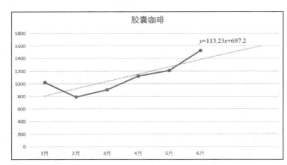

图 3-39　添加趋势线后的效果

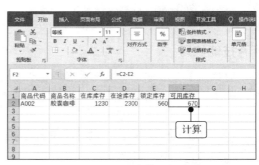

图 3-40　计算可用库存

综合实训

实训一　分析商品测试数据

实训目的：通过分析测试数据，完成商品定位规划。

实训要求：打开"商品测试.xlsx"工作簿（配套资源：\素材文件\项目三\综合实训\实训一\商品测试.xlsx），然后利用 Excel 计算测试数据中的相关指标，并重点关注加购率和转化率。

实训思路： 本次实训需要熟悉相关指标的计算公式，利用 Excel 计算相关指标，分析计算结果并得出结论，具体操作思路可参考图 3-41。

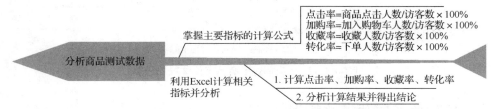

图 3-41　分析商品测试数据的思路

实训结果： 本次实训完成后的参考效果如图 3-42 所示（配套资源：\效果文件\项目三\综合实训\实训一\商品测试.xlsx）。由测试数据计算结果可知，商品编号为 19102218 的商品转化率和加购率均表现不错，说明该商品人气高，具有一定的吸引力，能够满足消费者的需求。所以，店铺可以将该商品作为热销款商品。

	A	B	C	D	E	F	G	H	I	J	K	L
1	测试商品编号	客单价	毛利	访客数	点击人数	交易人数	收藏人数	加购人数	点击率	转化率	收藏率	加购率
2	19112601	75	30	1173	128	27	38	25	10.91%	2.30%	3.24%	2.13%
3	19102218	88	40	986	112	33	46	34	11.36%	3.35%	4.67%	3.45%
4	19112623	125	55	1020	105	21	42	20	10.29%	2.06%	4.12%	1.96%
5	19101519	99	45	1547	112	33	30	28	7.24%	2.13%	1.94%	1.81%
6	19110527	69	35	867	133	32	48	24	15.34%	3.69%	5.54%	2.77%
7	19010707	112	55	952	169	24	47	28	17.75%	2.52%	4.94%	2.94%
8	19111103	162	60	986	165	33	54	19	16.73%	3.35%	5.48%	1.93%

图 3-42　测试数据计算结果

实训二　研究竞争对手的商品定价情况

实训目的： 通过查看竞争对手的商品定价，分析并找到竞争对手的定价依据，以便为自家店铺的商品定价提供参考价值。

实训要求： 在淘宝中寻找与店铺商品相同或相似的竞争商品，然后在商品详情页中查看竞争商品的价格和优惠政策，本次实训可参考的商品详情页如图 3-43 所示（配套资源：\素材文件\项目三\综合实训\实训二\商品详情页 1.png、商品详情页 2.png）。

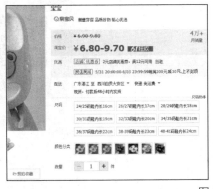

图 3-43　商品详情页

实训思路： 本次实训首先在淘宝中搜索与自家店铺相同或相似的竞争商品，然后分析商品详情页中的商品属性和价格，最后使用锚定效应定价方法对自家店铺的商品进行定价，具体操作思路可参考图 3-44。

图 3-44　研究竞争对手商品定价情况的思路

实训三　分析商品库存占比情况

实训目的：分析店铺商品的库存占比情况，了解商品库存结构是否符合市场需求，从而及时调整销售策略。

实训要求：打开"商品库存占比情况.xlsx"工作簿（配套资源：\素材文件\项目三\综合实训\实训三\商品库存占比情况.xlsx），然后利用 Excel 中的饼图功能将店铺商品占比情况进行可视化展示，最后判断商品库存结构是否完善。

实训思路：本次实训需要使用插入和设置饼图的相关操作，包括添加百分比数据标签，更改样式和布局，筛选数据等，然后根据饼图内容分析商品库存占比情况，具体操作思路可参考图 3-45。

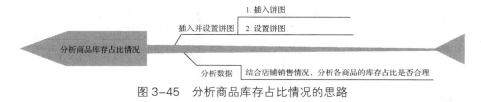

图 3-45　分析商品库存占比情况的思路

实训结果：本次实训完成后的参考效果如图 3-46 所示（配套资源：\效果文件\项目三\综合实训\实训三\商品库存占比情况.xlsx）。由图 3-46 可知，休闲鞋库存占比为 30%，是库存商品中占比最高的商品，库存占比最低的商品则是皮鞋，所以，店铺应策划一些关于休闲鞋的促销活动，以此降低其库存。

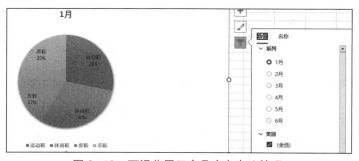

图 3-46　可视化展示商品库存占比情况

巩固提高

1. 店铺商品可以划分为引流款、利润款、形象款、热销款及活动款等，请说出不同定位商品的特点。

2. 在生意参谋中寻找一个竞争店铺，查看其商品布局情况，然后分析该店铺的商品布局规划。

3. 简述商品定价的流程。

4. 商品定价的策略有哪些？

5. 新品数据化测试的方法有哪些？

6. 库存的关键指标有哪些？

7. 请尝试采集某个商品的所有 SKU 单品近 7 天的销售数据和库存数据，计算其库存天数，并通过图表将库存天数与标准天数（如 30 天等）进行对比，参考效果如图 3-47 所示。

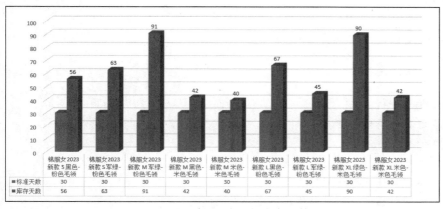

扫码看彩色图

图 3-47　利用图表分析库存天数

8. 请构建某店铺的库存周期表，参考效果如图 3-48 所示，分析其库存情况，假设销售周数为 4，补货周数为 2。

商品名称	成交件数	库存件数	可售周数	补货数量参考值
速溶咖啡8盒整箱装	1000	1500	4.50	-833
挂耳咖啡8盒整箱装	1000	1000	3.00	-333
速溶黑咖啡10盒整箱装	500	10	0.06	323
冷萃速溶咖啡10盒整箱装	200	0	0.00	133

图 3-48　库存周期表

项目四
营销数据分析

学习目标

【知识目标】

（1）了解流量的类型。

（2）掌握流量的结构与分析方法。

（3）掌握影响销售数据的重要指标。

（4）掌握销售数据的分析方法。

【技能目标】

（1）能够利用流量转化漏斗模型分析转化率。

（2）能够根据实际运营数据分析流量转化过程中存在的问题。

（3）能够通过数据对店铺交易情况进行诊断分析。

【素养目标】

分析电商运营销售数据，要做到实事求是、有理有据；在获取数据源方面，则应做到数据可溯源。只有保证源数据的准确性、完整性、易读性后，才能做到数据分析更客观，结论更可靠，建议更可行。

项目导读

在瞬息万变的市场环境下，商家要想实现销售额和利润的快速增长，还需要提升营销数据的分析能力。通过对营销数据的深入分析，商家可以更加准确地了解市场需求和消费者喜好，提前预判市场变化趋势，制定更有针对性的营销策略。KK 旗舰店通过营销数据分析助力科学决策，实现了精准营销。在促销活动开展前期，KK 旗舰店特意委托荣邦公司详细分析店铺近一年的营销数据，包括流量、客单价、转化率等关键指标。老李将这项任务交给小赵，在了解任务详情后，小赵先分析了流量数据，再提取并分析了交易数据，最后根据科学的分析结果为 KK 旗舰店制订了一份精准的促销计划，成功实现了销售量与利润的双增长。

任务一　流量数据分析

任务描述

小赵对与流量相关的数据分析工作非常擅长，结合流量数据分析的理论知识，整理出 KK 旗舰店流量数据分析的相关思路，并将具体内容填写到任务单（见表 4-1）中。

表 4-1   任务单

任务名称	分析 KK 旗舰店的流量数据	
任务背景	为了进一步提高行业排名，实现利润最大化，KK 旗舰店希望通过分析店铺销售额的主要影响因素之一——流量，挖掘出各种信息，以便及时调整店铺运营策略	
任务类别	■ 采集数据　　■ 处理数据　　■ 分析数据　　□ 制订报告/计划	
所需素材	配套资源：\素材文件\项目四\任务一\流量数据分析.xlsx	
工作任务		
任务内容	任务说明	
任务演练：分析 KK 旗舰店 5 月份流量数据	① 在生意参谋中采集流量数据 ② 排序和分类汇总流量数据 ③ 以圆环图的形式分别展现免费流量和付费流量数据	
任务总结：		

 知识准备

一、流量的类型

　　一般来说，访问店铺的消费者数量多，代表该店铺的流量大；访问店铺的消费者数量少，则代表该店铺的流量小。消费者进入店铺的途径是多方面的，而店铺主要通过自主免费进入、付费引流进入、站内其他途径进入和站外途径进入获取流量，这 4 种途径获取的流量分别是免费流量、付费流量、站内流量和站外流量。

（一）免费流量

　　免费流量是指没有进行付费推广，而是通过关键词搜索等途径访问店铺的流量。这类流量是店铺最需要的流量，不仅免费，而且其精度和质量都较好。以淘宝为例，免费流量主要来自直接访问、商品收藏、购物车等途径。

1. 直接访问

　　直接访问指消费者在淘宝搜索栏中直接搜索商品名称或店铺名称而进入店铺的行为。通过这类途径获得的流量对商品的成交转化率有一定的影响，因为这类消费者有很强的购物意愿，在购物过程中容易受价格、主图效果等因素影响。

2. 商品收藏

　　商品收藏指消费者对某款商品进行收藏的行为。商品收藏量高，说明消费者对该商品感兴趣。就淘宝而言，消费者将商品收藏后可以直接通过收藏夹中"收藏的宝贝"查看或购买商品，如图 4-1 所示。商品的收藏人气是商品收藏人数和关注热度的综合评分。商品的收藏人气对商品和店铺的综合评分是有影响的，能在一定程度上促进消费者的购买欲望。

3. 购物车

　　在淘宝中，消费者将商品添加到购物车后，可以通过购物车快速访问对应的商品和店铺，并能快速下单购买。将商品加入购物车的行为表示消费者对商品很感兴趣，但可能对价格、款式、颜色、质量等方面还持有疑虑，需要客服人员积极与其交流沟通，消除消费者的疑虑，促成下单。

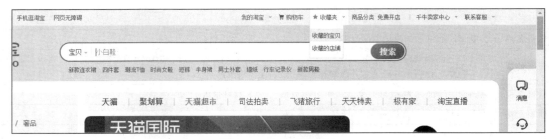

图 4-1　淘宝的收藏夹

（二）付费流量

付费流量是指通过投放广告、按点击率计算费用等方法引入的流量。这类流量的精准度非常高。就淘宝而言，付费流量主要来自淘宝客、直通车和各种付费活动等。

1. 淘宝客

淘宝客属于效果类营销推广方式。淘宝客按照实际的交易完成量，即消费者确认收货后才进行计费，没有成交就没有佣金。商家可以在淘宝联盟通过支付佣金的方式招募淘宝客为店铺和商品进行推广；淘宝客则可以在淘宝联盟找到需要推广的商家，并通过推广拉进店的人数获取佣金。淘宝客的性价比高，只有完成了交易，商家才支付佣金。

2. 直通车

直通车是一种以"文字+图片"的形式出现在搜索结果页面中用于精准推广的工具。直通车的展示位置主要位于淘宝网搜索结果页面的右侧（右上角标记了灰色的"广告"字样，见图 4-2）、搜索结果页面的最下端，以及搜索结果页面的第一个商品位置。在使用直通车推广某商品时，可以通过精准的搜索匹配给店铺带来优质的消费者。同时，消费者进入店铺时极易产生一次或多次的流量跳转，促成其他商品的成交。这种以点带面的精准推广可以最大限度地降低店铺的推广成本，提升店铺的整体营销效果。

图 4-2　直通车展示位

3. 付费活动

淘宝中有大量营销活动，商家参与这些活动可以很好地吸引流量并推广店铺和商品。常见的活动包括聚划算、淘金币、天天特价等。商家参与这些活动需要报名和付费，但可以获得更多的曝光机会、精准的流量引导，能很好地推广店铺并打开市场。

（三）站内流量

站内流量是指通过电商平台获取的流量。就淘宝而言，站内流量也是店铺流量重要的构成部分。站内流量也有免费与付费之分。新店可以先从免费的站内流量着手，站内流量主要来自微淘、淘宝头条等。

1. 微淘

微淘是淘宝 App 的重要功能之一，用户定位为移动消费的人群，在生活细分领域为消费者提供方便、快捷、省钱的购物服务。消费者可通过订阅的方式获取需要的信息和服务，并且可以与店铺进行互动和交流。

2. 淘宝头条

淘宝头条是一个生活消费资讯类媒体聚拢平台。媒体、行业高手及自媒体可以在其中创建"淘宝头条号"，借助淘宝海量流量和精准算法实现个性化推送，以获得更多的曝光和关注。

（四）站外流量

站外流量可以为店铺带来很大一部分潜在的消费群体，这类流量大多来自贴吧、论坛、社区、微博等。店铺可以自己发帖推广，也可以邀约别人进行推广。这类流量的缺点是精准度不高，效果不能得到保证。

二、流量的结构与分析

对店铺而言，免费流量和付费流量的占比对店铺运营有直接的影响。实际上，由于行业不同、运营模式不同等，流量结构的合理比例是没有严格标准的。一般情况下，免费流量应该占据多数，付费流量应该占据少数，其他流量也需要占据一定的比例。例如，某店铺的免费流量占比为 70%，付费流量占比为 25%，其他流量占比为 5%，该结构就较为合理。

流量的分析主要在于分析流量的质量，即质与量。"质"是指流量的转化率，"量"是指流量的数量，只有在质和量表现上都不错的流量类型，才是优质流量。优质流量需要维护以使其尽可能增长，反之，低质流量就可以不用花太多心思维护和提升。

要想查看店铺的流量情况，可以借助生意参谋。在生意参谋中进入"流量"功能板块，单击左侧列表中的"店铺来源"选项，设置需要查看的时间段，这里设置为"30 天"，然后将流量入口设置为"无线端"，即表示查看移动端的流量情况，如图 4-3 所示。

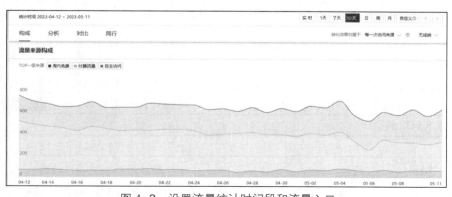

扫码看彩色图

图 4-3　设置流量统计时间段和流量入口

在"流量来源构成"区域中可以设置需要查看的指标，这里选中"访客数"和"下单转化率"复选框，然后单击"淘内免费"选项左侧的蓝色按钮将其下的数据折叠，复制当前流量来源的数据，如图4-4所示。

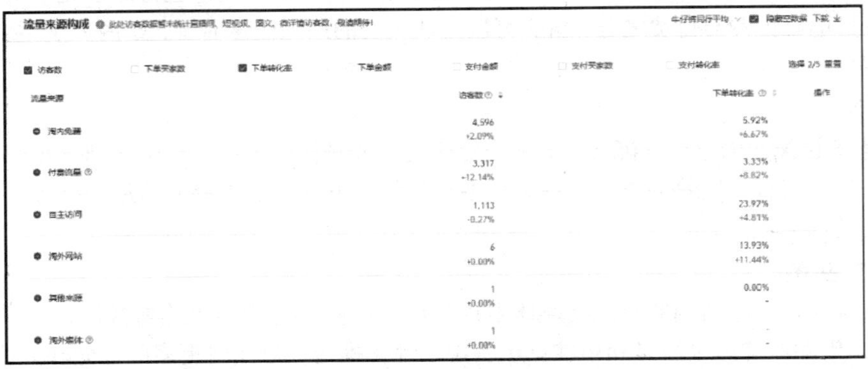

图 4-4　设置指标并复制数据

将复制的数据粘贴到 Excel 中，并对数据进行整理和可视化展示后，便可分析流量结构。图 4-5 所示为采集流量来源数据后，在 Excel 中以访客数和下单转化率为数据源创建组合图后的效果。从图 4-5 中可以发现，淘内免费和付费流量的访客数多但下单转化率都不高，而自主访问的访客数少但下单转化率则达到 23.97%。这说明该店铺在商品质量、客服、物流等方面深得人心，消费者愿意自主访问店铺并下单成交；但在推广、页面设计、主图效果、商品详情页等方面还需要进一步优化，以便留住更多的第一次访问店铺的消费者。

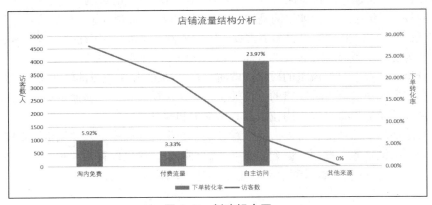

图 4-5　创建组合图

⏰ 提示

通过生意参谋采集流量数据时，除了手动复制外，还可以单击生意参谋导航栏中的"取数"按钮，打开"取数"页面新建报表，填写报表名称，选择维度、时间和对应的指标后，单击 生成报表 按钮，完成报表的创建和下载。

三、流量转化漏斗模型

对流量的类型和结构有所了解之后，还需要对流量后续的转化数据进行跟踪分析。流量转化漏斗模型用于跟踪分析流量数据，如图 4-6 所示。该漏斗模型分为 5 层，第 1 层是有效进店率，第 2 层是旺旺咨询转化率，第 3 层是静默转化率，第 4 层是订单支付率，第 5 层是成交转化率。

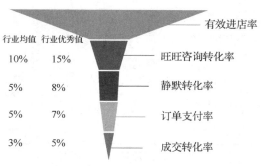

图 4-6　流量转化漏斗模型

（1）有效进店率。有效进店人数是指访问店铺至少两个页面后才离开的访客数，包括访客到达店铺时直接点击收藏店铺或者商品、进行阿里旺旺咨询、加入购物车和直接购买的人数。有效进店率是淘宝店铺运营的重要参考指标之一，其计算公式如下。

$$店铺访客数 = 有效进店人数 + 跳失人数$$

$$有效进店率 = 有效进店人数 \div 店铺访客数 \times 100\%$$

（2）旺旺咨询转化率。旺旺咨询转化率是指通过阿里旺旺咨询客服成交的人数与咨询总人数的比值，其计算公式如下。

$$旺旺咨询转化率 = 旺旺咨询成交人数 \div 旺旺咨询总人数 \times 100\%$$

（3）静默转化率。静默转化率主要考察店铺的整体水平，包括商品描述、店铺装修、店铺 DSR（Detail Seller Rating，卖家服务评级）评分等。静默转化率是指静默成交访客数占访客总数的比例，其计算公式如下。

$$静默转化率 = 静默成交访客数 \div 访客总数 \times 100\%$$

（4）订单支付率。店铺可能会遇到访客在下单之后却迟迟没有付款的情况，此时就需要分析订单支付率，其计算公式如下。

$$订单支付率 = 成交金额 \div 订单金额 \times 100\%$$

（5）成交转化率。成交转化率是指所有访问店铺并产生购买行为的人数（即成交人数）与所有访问店铺的人数的比值，其计算公式如下。

$$成交转化率 = 成交人数 \div 所有访问店铺的人数 \times 100\%$$

四、流量转化数据处理

流量转化数据处理的流程主要包括流量转化数据的采集与处理和数据可视化与分析两个步骤。

1. 流量转化数据的采集与处理

进入生意参谋的"流量"模块，在"流量总览"页面可以看到流量转化数据，如图 4-7 所示。商家可以通过复制或下载数据报表的方式采集流量转化数据。完成数据采集后，可以将数据添加到 Excel 等数据处理工具中进行整理，为数据分析做准备。

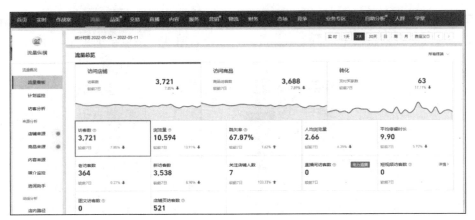

图 4-7 "流量总览"页面

2. 数据可视化与分析

下面以淘宝某店铺各流量来源的订单支付情况为例进行数据可视化与分析。已知该店铺整理了近一个月的订单支付数据，并按照流量来源对订单支付率进行了分析，图 4-8 所示为利用成交金额和订单支付率数据制作的组合图，可以清晰地看出成交金额最高的流量来源是淘宝活动，而订单支付率最高的流量来源是直通车。

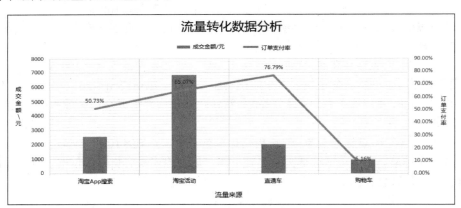

图 4-8 流量转化图表

🔍 **素养小课堂**

运营人员需要了解对各渠道进行归类分析的方法，培养整理和归类数据的意识，同时认识"整体"和"部分"的辩证关系。

💻 **任务实施**

☕ **任务演练：分析 KK 旗舰店 5 月份流量数据**

【任务目标】

分析 KK 旗舰店的流量来源，从中找出优质流量进行维护和拓展，低

微课视频

分析 KK 旗舰店
5 月份流量数据

质流量则可以放弃。

【任务要求】

本次任务的具体要求如表4-2所示。

表4-2　　　　　　　　　　　　　　　任务要求

任务编号	任务名称	任务指导
（1）	采集数据	在生意参谋的"流量"模块中下载流量来源数据
（2）	数据排序与分类汇总	利用Excel的排序和分类汇总功能对流量类型进行分类汇总
（3）	数据可视化与分析	使用圆环图分别对免费流量和付费流量进行可视化展示

【操作过程】

（1）查看店铺整体流量信息。进入生意参谋"流量"模块，选择"流量看板"选项，时间维度选择"7天"，在"流量总览"页面查看该时段访问店铺、访问商品、转化3个维度的流量数据及与前7日的对比情况，如图4-9所示。

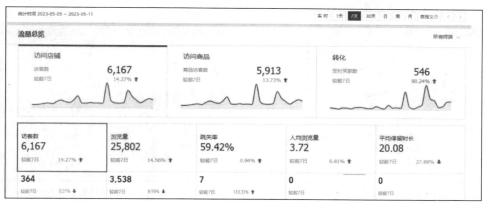

图4-9　"流量总览"页面

（2）采集数据。进入"流量看板"页面，"流量来源排行Top 10"栏对排名前十的流量来源名称、访客数、下单买家数、下单转化率等数据进行了展示，如图4-10所示。单击"店铺来源"超链接，查看具体的店铺流量来源构成数据，如图4-11所示。单击页面中的"下载"按钮 🔽 即可获得各流量来源的数据。

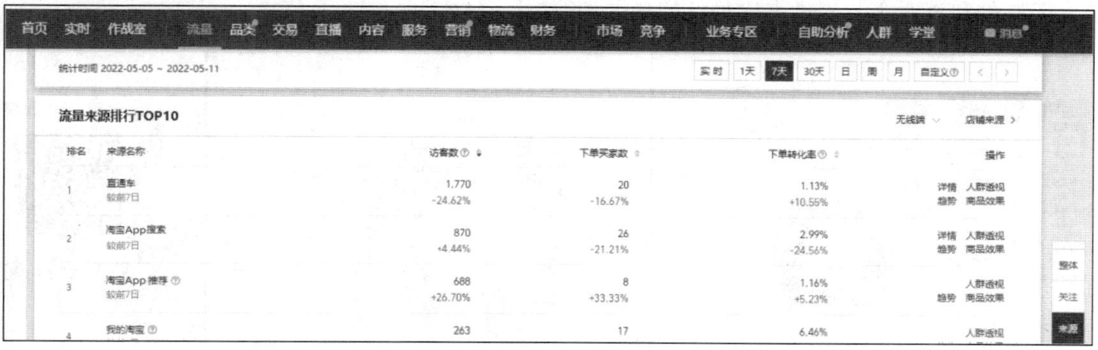

图4-10　流量来源排行 Top 10

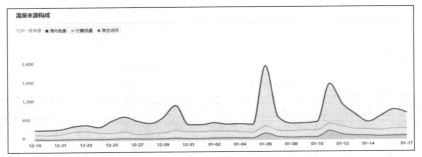

扫码看彩色图

图 4-11　流量来源构成数据

（3）数据的排序与分类汇总。将下载的数据在 Excel 中进行简单清洗后，得到"流量数据分析.xlsx"工作簿中的"5 月份"工作表，在工作表中选择"流量类型"列中的任意一个单元格，单击【数据】/【排序和筛选】组中的"降序"按钮 $\frac{Z}{A}\downarrow$，如图 4-12 所示；在【数据】/【分级显示】组中单击"分类汇总"按钮 ，打开"分类汇总"对话框，设置好分类字段、汇总方式、选定汇总项等参数后，单击 确定 按钮，如图 4-13 所示。

图 4-12　对流量类型进行降序排列

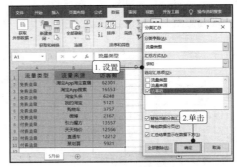

图 4-13　设置分类汇总数据

（4）数据可视化与分析。选择免费流量来源及访客数数据，插入圆环图，将标题更改为"免费流量来源分析"，然后为圆环图应用"布局 6"样式，效果如图 4-14 所示。由图 4-14 可知，KK 旗舰店 5 月份"淘宝 App 淘宝直播"的流量远高于其他免费渠道流量。按照相同的操作方法，为付费流量来源及访客数数据插入圆环图，效果如图 4-15 所示（配套资源：\效果文件\项目四\任务一—流量数据分析.xlsx）。由图 4-15 可知，KK 旗舰店 5 月份"引力魔方"的流量占比最高，其次是天天特价和直通车，流量占比最低的是聚划算。

图 4-14　圆环图效果（免费流量）

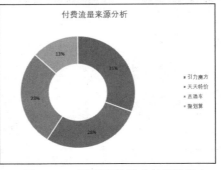

图 4-15　圆环图效果（付费流量）

扫码看彩色图

任务二 销售数据分析

任务描述

完成店铺的流量数据分析后，接下来小赵将分析销售数据，以帮助店铺及时调整和优化经营策略，实现销售目标。在分析销售数据时，小赵将重点关注影响销售数据的 3 项指标，即访客数、转化率和客单价。明确本次任务（见表 4-3）后，小赵便开始开展数据采集与处理工作。

表 4-3　　　　　　　　　　　　　　　　任务单

任务名称	分析 KK 旗舰店的销售数据	
任务背景	KK 旗舰店打算策划一场大型促销活动，为了保证活动效果，店铺首先要分析过去的销售数据，从而为店铺的促销策略提供科学依据	
任务类别	■ 采集数据　　■ 处理数据　　□ 分析数据　　□ 制订报告/计划	
所需素材	配套资源：\素材文件\项目四\任务二\交易数据分析.xlsx	
工作任务		
任务内容	任务说明	
任务演练 1：利用生意参谋提取 KK 旗舰店交易数据	通过生意参谋下载 KK 旗舰店近一周的销售数据	
任务演练 2：采用指数平滑法预测交易数据	①在单元格中输入所需文本后进行美化设置 ②使用 Excel 的指数平滑工具预测销售额 ③计算出最终的预测值	
任务总结：		

知识准备

一、电商销售数据的特点和作用

电商销售数据不仅可以反映店铺的经营状况，而且能为店铺的经营决策提供科学依据。通过分析电商销售数据，店铺可以很好地了解消费者的需求和偏好，从而优化商品和服务，提高店铺销售额。

（一）电商销售数据的特点

电商销售数据具有可得性、多样性、复杂性 3 项基本特点。

（1）可得性。可得性是指获取或使用销售数据的容易程度。电商销售数据是基于互联网技术的支持且通过渠道产生的，都是被记录且易获得的。消费者在电商渠道消费过程中产生的交易数据被记录并呈现给店铺。

（2）多样性。多样性是指数据所承载信息的丰富性与差异性。相比传统门店的销售数据，电商渠道产生的销售数据更多样。传统门店对消费者消费行为的记录会受到部分限制，而电商渠道则可以更全面地记录。

（3）复杂性。复杂性主要是指对销售数据的处理与分析的困难程度。因为电商渠道记录的销售数据更加全面，所以在销售数据的解读和分析上，电商渠道相比传统门店更加复杂。

（二）电商销售数据的作用

随着互联网的发展，电商的运营方式也在逐渐数据化。在电商领域中，销售数据的作用主要体现在以下 4 个方面，如图 4-16 所示。

辅助精准营销　　满足消费者需求　　监测竞争对手　　发现新市场

图 4-16　电商销售数据的作用

（1）辅助精准营销。精准营销不能缺少对消费者特征数据的支撑和详细、准确的分析。对店铺销售数据进行挖掘与处理，可筛选出更具价值的数据，以达到更好的市场推广效果。

（2）满足消费者需求。如果能在商品生产之前了解潜在消费者的主要特征及他们对新商品的期待，那么生产活动便可以按照消费者的喜好进行，店铺也可以采购到更加符合消费者需求的商品，使得生产方和销售方都可以获得更大的收益。

（3）监测竞争对手。通过对销售数据的分析，店铺能够熟悉网络营销环境，把控品牌传播的有效性；同时，还能监测行业及商品动向，了解竞争对手的信息，从而促进商品销售。

（4）发现新市场。基于数据建模与数据分析，可挖掘出潜在的信息规律，从而预测市场未来走势。基于销售数据的分析与预测，可以为店铺洞察新市场与把握经济规律提供重要依据。

二、影响销售数据的重要指标

影响销售数据的关键指标有很多，如交易金额、商品数量、交易人数、订单量、成交渠道及成交时间等，此处将围绕最终销售额进行介绍。由销售额的计算公式"销售额=访客数×客单价×转化率"不难发现，与销售数据相关的重要指标主要包括以下 3 种。

（一）访客数

访客数是指统计周期内访问店铺页面或商品详情页的去重人数，同一访客在统计时间范围内访问多次只记为一次。访客数的计算公式如下。

$$访客数=展现量×点击率$$

由公式可知，访客数与商品的展现量有关，而展现量与访客数的关系在于点击率，点击率越高，便会为店铺带来更多的访客数。简单来说，如果店铺或者商品的展现量高，那么只要提高点击率，店铺或者商品的访客数就会增多。

> **知识拓展**
>
> 　　展现量是指店铺商品发布后，当消费者搜索商品关键词时，商品展现出来被消费者看到的次数。点击率则是商品展现后被点击的比率，它是衡量商品是否受消费者欢迎的一个重要指标。点击率越高，说明商品越吸引消费者；如果点击率过低，则说明商品的吸引力不够，此时就需要优化商品详情页的信息，让商品的展现可以带来浏览量。

（二）客单价

　　客单价是指每一位消费者在店铺购买商品的平均金额，即平均交易金额，它在某种程度上反映了消费群体的特点以及销售类目的盈利状态是否良好。客单价的计算公式如下。

客单价=成交金额÷成交用户数

　　影响客单价的因素主要包括商品定价、促销优惠、关联销售和购买数量等。在订单数量基本稳定的前提下，提高客单价可以提高店铺的销售额；反之，店铺的销售额将下降。

　　（1）商品定价。商品定价的高低基本上决定了客单价的高低，正常情况下，客单价只会在定价的一定范围内浮动。

　　（2）促销优惠。在开展大型促销活动的过程中，客单价的高低取决于优惠力度。此外，基于优惠力度的大小，免运费的最低消费标准的设置对客单价也有重要影响。例如，在"双十一"促销活动中，某店铺设置的免运费的最低消费标准为199元，也就是消费满199元才能免运费。这样的规则会让消费者主动选择购买多件商品，以达到免运费的最低消费标准，此时的客单价与平时相比就会提高。

　　（3）关联销售。关联销售是一个间接影响因素。以淘宝为例，店铺一般会在商品详情页推荐相关的购买套餐，同时加入其他商品的链接，如图4-17所示。基于大数据的算法，首页、搜索页、商品详情页、购物车页、订单页等页面中都会有关联商品的推荐。

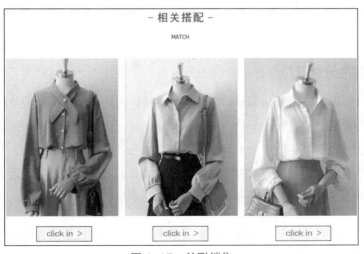

图4-17　关联销售

　　（4）购买数量。购买数量由商品类目的属性决定。店铺要想提高客单价，可以尝试增加消费者购物的种类，以及单个订单内商品的数量。许多电商平台推出的"凑单"销售方式，其原理就是如此。

（三）转化率

转化率与商品主图、店铺首页、商品详情页设计及消费者评价等有直接关系，反映了店铺商品对消费者的吸引力。在访客数稳定的前提下，提高转化率是提高店铺销售额的有效途径。转化率的计算公式如下。

$$转化率=转化人数÷访客数×100\%$$

例如，访问店铺首页的消费者有 30 人，从店铺首页进入商品详情页的消费者有 12 人，那么从店铺首页到商品详情页的转化率=$12÷30×100\%=40\%$。换句话说，从访问到支付过程的支付转化率，直接决定店铺销售额的高低。商家可以通过生意参谋"首页"功能下的"整体看板"板块查看指定期间的店铺支付转化率数据，如图 4-18 所示。

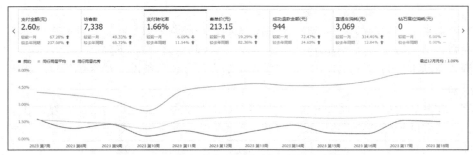

扫码看彩色图

图 4-18　指定期间的店铺支付转化率数据

素养小课堂

有些商家为了提高销售额，会通过大幅提高商品单价的方式提高客单价，这种行为触犯了《中华人民共和国价格法》，是需要承担法律责任的。《中华人民共和国价格法》第七条规定：经营者定价，应当遵循公平、合法和诚实信用的原则。商家应该合法合规提高客单价，不能做出违反法律法规的行为。

三、销售数据的分析方法

销售数据的分析方法主要有动态分析法和预测分析法两种。掌握相应的分析方法后，运营人员才能提高销售数据分析的准确性和有效性。

（一）动态分析法

动态分析法是指研究和分析一段时间内商品数量方面的发展变化过程，其中包括两个比较重要的统计指标，即增长量（水平指标）和增长速度（速度指标）。

1. 增长量

增长量是指时间序列中两个不同时期的发展水平之差，体现的是报告期水平比基期水平增加或减少的数量，其计算公式如下。

$$增长量=报告期水平-基期水平$$

增长量通常以数量差距进行对比，分为逐期增长量和累计增长量两种。

（1）逐期增长量。逐期增长量是指报告期水平与前一期水平之差，其表示报告期水平相比前一期水平增长的绝对数量。例如，2023 年第一季度各月的店铺销售额分别为：1 月份 10 万元、2 月份

13 万元、3 月份 15 万元，以 1 月份为基期，那么第一季度各月的逐期增长量分别为：1 月份 0、2 月份 3 万元、3 月份 2 万元。

（2）累计增长量。累计增长量是指报告期水平与某一固定期水平之差，其表示报告期水平相比某一固定期水平增长的绝对数量，即某一时期内总增长量。例如，2023 年第一季度各月的店铺销售额分别为：1 月份 12 万元、2 月份 16 万元、3 月份 15 万元，以 1 月份为基期，那么第一季度各月的累计增长量分别为：1 月份 0、2 月份 4 万元、3 月份 3 万元。

2．增长速度

增长速度表示某一时期内某一指标增长程度的相对数，体现的是报告期水平比基期水平增加或降低的程度，其计算公式如下。

$$增长速度＝（报告期水平-基期水平）÷基期水平$$

增长速度通常以增长比例进行对比，一般用百分数表示，有正负之分，为正值时体现的是增长程度，为负值时体现的是降低程度。增长速度可以分为同比增长速度和环比增长速度两种。

（1）同比增长速度。同比增长速度是指累计增长量与某一同比基期水平对比的结果，表示在同比时期总的增长程度。同比增长速度的计算公式如下。

$$同比增长速度＝（报告期水平-同期水平）÷同期水平×100\%$$

例如，某店铺 2022 年 3 月的销售额为 100 万元，2023 年 3 月的销售额为 300 万元，那么同比增长速度＝（300-100）÷100×100%=200%。

（2）环比增长速度。环比增长速度是指逐期增长量与前一期水平对比的结果，体现的是数据量逐期增长的方向和程度。环比增长速度的计算公式如下。

$$环比增长速度＝（报告期水平-前一期水平）÷前一期水平×100\%$$

例如，某店铺 2023 年 3 月份的销售额为 100 万元，2023 年 2 月份的销售额为 80 万元，环比增长速度＝（100-80）÷80×100%=25%。

> ⏰ **提示**
>
> 　同比增长速度和环比增长速度虽然都反映了变化速度，但由于对比基期不同，反映的侧重点也是不同的。环比增长速度侧重反映数据的短期变化，时效性强，比较灵敏；同比增长速度则侧重反映长期趋势，能够在一定程度上克服季节性波动的影响。

（二）预测分析法

销售预测是制定销售策略和预算方案时必不可少的环节。通过预测销售量和销售趋势，商家可以更加准确地制定销售策略，从而提高店铺的盈利能力。影响销售量的因素有很多，如店铺的发展阶段、平台的发展阶段、行业的发展阶段等。在销售预测工作中，运营人员要综合考虑这些影响因素，然后进行预测，结果才会更贴近实际。

销售预测的方法有均值预测法、移动平均法和指数平滑法 3 种。下面以某店铺 1—9 月的销售额（见表 4-4）为例，通过上述 3 种方法预测 10 月的销售额。

表 4-4　　　　　　　　　　　　　　　　某店铺 1—9 月的销售额

月份	1 月	2 月	3 月	4 月	5 月	6 月	7 月	8 月	9 月
销售额/万元	5.5	4.8	4.7	5	5.8	6.5	5.9	5.5	5.8

（1）均值预测法。均值预测法是根据销售历史记录中的数据，求出平均值作为未来某一时期的

预测值的一种方法。由表 4-4 可知，店铺前 9 个月的销售额 = 5.5+4.8+4.7+5+5.8+6.5+5.9+5.5+5.8 = 49.5（万元），根据均值预测法，预测该店铺 10 月的销售额 = 49.5 ÷ 9 = 5.5（万元）。

（2）移动平均法。移动平均法是选取最近一组销售数据预测未来销售数据的一种方法，一般要求一组为两个数据以上。假设这里提取 6—9 月这 4 个月的销售额，通过移动平均法，预测该店铺 10 月的销售额 =（6.5+5.9+5.5+5.8）÷ 4 = 5.925（万元）。

（3）指数平滑法。指数平滑法是利用事先确定的平滑指数预测未来销售量或销售额的一种方法。在 Excel 中，可以利用指数平滑法预测销售数据，但在使用指数平滑法之前需要调用 Excel 的分析工具，方法为：选择【文件】/【选项】命令，打开"Excel 选项"对话框，在"加载项"选项卡中选择"分析工具库-VBA"选项，单击"确定"按钮，此时，在【数据】/【分析】组中便可看到添加的"数据分析"按钮，如图 4-19 所示。添加好数据分析工具后，将要分析的数据输入 Excel 中，然后单击"数据分析"按钮便可进行销售预测。E11 单元格中的数值即利用指数平滑工具预测的 10 月销售额，如图 4-20 所示。其中，0.7 为平滑系数（即 1-阻尼系数），阻尼系数为 0.3。

图 4-19　添加"数据分析"工具

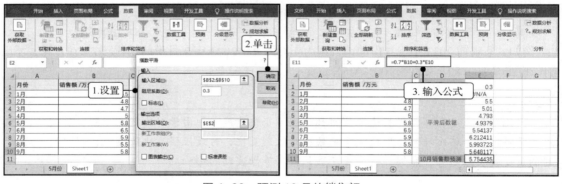

图 4-20　预测 10 月的销售额

> ⏰ **提示**
>
> 　　阻尼系数是一个 0~1 的数字。一般来说，阻尼系数越大，真实值权重越小，近期实际值对预测结果的影响就越小；阻尼系数越小，真实值权重越大，近期实际值对预测结果的影响就越大。

任务实施

任务演练 1：利用生意参谋提取 KK 旗舰店交易数据

【任务目标】

　　小赵将通过生意参谋采集 KK 旗舰店近一周的交易数据，然后将数据下载到计算机中，以备后续分析使用。

【任务要求】

本次任务的具体要求如表 4-5 所示。

表 4-5   任务要求

任务编号	任务名称	任务指导
（1）	交易概况分析	在生意参谋中查看并分析"交易概况"数据
（2）	下载数据	简单分析交易数据后，单击对应页面的"下载"按钮，把数据下载到计算机中，以便进一步分析呈现

【操作过程】

（1）交易总览分析。进入生意参谋后，单击"交易"模块，选择左侧列表中的"交易概况"选项，进入"交易总览"页面，如图 4-21 所示。由图 4-21 可知，KK 旗舰店的下单转化率较低，仅有 1.72%，而下单-支付转化率为 93.75%，说明访客数与买家数的差距过大，店铺需要对商品主图、店铺首页、商品详情页等进行优化。

图 4-21 "交易总览"页面

（2）交易趋势分析。在页面下方的"交易趋势"栏可查看指定时期店铺的交易趋势，由图 4-22 可知，该时期的交易趋势并不稳定，起伏很大。在"交易趋势"栏中还可选择时间范围，包括"最近 30 天""日""周""月"4 个时间维度，指标包括支付金额、支付买家数、客单价等相关数据。若选中"同行对比"单选项，店铺还可将自身交易数据与同行店铺交易数据进行对比，找出自身优劣势并进行重点优化。

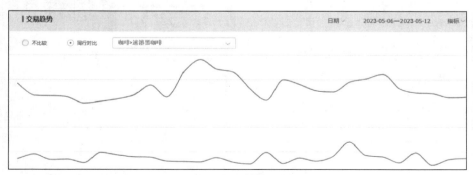

扫码看彩色图

图 4-22 交易趋势分析图

（3）下载数据。查看并简要分析 KK 旗舰店的交易数据后，单击页面中的"下载"按钮，将交易数据中的相关指标（如访客数、下单买家数、下单金额、支付买家数等）下载到计算机并整理到 Excel 中，效果如图 4-23 所示。

日期	访客数	下单买家数	下单金额/元	支付买家数	支付金额/元
5月6日	4586	1250	210000	852	143136
5月7日	5632	2563	430584	1685	283080
5月8日	5860	3506	589008	2065	346920
5月9日	6572	2450	411600	1745	293160
5月10日	4580	3022	507696	2650	445200
5月11日	4391	1250	210000	860	144480
5月12日	3751	2650	445200	1654	277872

图 4-23　下载并整理交易数据

任务演练 2：采用指数平滑法预测交易数据

【任务目标】

在 Excel 中利用数据分析工具中的指数平滑工具对 KK 旗舰店 5 月 13 日的访客数进行预测。

【任务要求】

本次任务的具体要求如表 4-6 所示。

表 4-6　　　　　　　　　　　　　　　　任务要求

任务编号	任务名称	任务指导
（1）	输入文本	输入文本"阻尼系数""平滑后数据""预测值"
（2）	使用指数平滑工具	设置指数平滑工具的相关参数，包括输入区域、输出区域、阻尼系数等
（3）	计算预测值	利用公式计算访客数预测值

【操作过程】

（1）输入文本。打开"交易数据分析.xlsx"工作簿，在 G2:G10 单元格区域中输入图 4-24 所示的文本内容，其中"平滑后数据"所在单元格为合并后的效果。

微课视频

采用指数平滑法
预测交易数据

图 4-24　在单元格中输入文本

（2）设置单元格样式。选择 G2 单元格，在【开始】/【样式】组中单击"单元格样式"按钮，在打开的下拉列表中选择"好"选项，按照相同的方法为合并后的 G3 单元格应用"适中"样式，为 G10 单元格应用"注释"样式，效果如图 4-25 所示。

图 4-25 设置单元格样式

（3）选择指数平滑工具。在 H2 单元格中输入阻尼系数"0.3"后，在【数据】/【分析】组中单击"数据分析"按钮，打开"数据分析"对话框，在"分析工具"列表框中选择"指数平滑"选项，然后单击 确定 按钮，如图 4-26 所示。

图 4-26 选择指数平滑工具

（4）设置指数平滑参数。打开"指数平滑"对话框，分别在"输入区域""阻尼系数""输出区域"中按图 4-27 所示进行设置，最后单击 确定 按钮。

图 4-27 设置指数平滑参数

（5）计算预测值。返回工作表，H4:H9 单元格区域中显示了平滑后的数据，选择存放预测值的 H10 单元格，输入公式"=0.7*B9+0.3*H9"后，按【Enter】键得出计算结果，效果如图 4-28 所示。

H10	▼	:	×	✓	fx	=0.7*B9+0.3*H9			
▲	A	B	C	D	E	F	G	H	I
1				KK旗舰店5月交易数据					
2	日期	访客数	下单买家数	下单金额/元	支付买家数	支付金额/元	阻尼系数	0.3	
3	5月6日	4586	1250	210000	852	143136		#N/A	
4	5月7日	5632	2563	430584	1685	283080		4586	
5	5月8日	5860	3506	589008	2065	346920		5318.2	
6	5月9日	6572	2450	411600	1745	293160		5697.46	
7	5月10日	4580	3022	507696	2650	445200		6309.638	
8	5月11日	4391	1250	210000	860	144480		5098.891	
9	5月12日	3751	2650	445200	1654	277872	平滑后数据	4603.134	
10							预测值	4006.407	
11									
12									

图 4-28　预测 5 月 13 日的访客数

技能练习

尝试使用移动平均法预测 5 月 13 日的访客数，试比较这两种不同预测方法的预测结果是否一致，如果不一致，试分析哪一种方法的预测结果更加精准。

综合实训

实训一　分析店铺流量及占比

实训目的： 通过分析店铺流量来源，帮助店铺了解整体的流量规模、质量及变化趋势，从而为完善页面设计、优化引流策略等提供有力的数据支持。

实训要求： 使用 Excel 对 KK 旗舰店中的流量构成进行数据化处理（配套资源：\素材文件\项目四\综合实训\实训一\KK 旗舰店流量分析.xlsx），分析店铺的流量占比情况。

实训思路： 首先在生意参谋的"流量"模块中复制相关的指标到 Excel 中，然后对表格数据进行整理和可视化显示，最后根据图表分析店铺流量及占比情况，具体操作思路可参考图 4-29。

图 4-29　分析店铺流量及占比的思路

实训结果： 本次实训完成后的参考效果如图 4-30 所示（配套资源：\效果文件\项目四\综合实训\实训一\KK 旗舰店流量分析.xlsx）。由图 4-30 可知，店铺 75% 的流量来源于付费流量，而下单转化率较高的流量来源却是自主访问，说明该店铺的流量质量不高。针对流量高、下单转化率低的付费流量，店铺应该提高该渠道的流量转化率，如选择合适的商品、做好直播预告等；针对流量低、下单转化率高的自主访问流量，店铺则应该提高该渠道的流量数量，如优化商品标题、优化关键词搜索等。

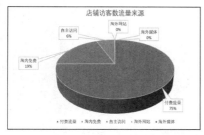
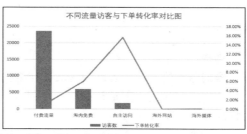

扫码看彩色图

图 4-30　店铺流量数据处理后的效果

实训二　分析店铺销售数据

实训目的：通过全面分析店铺销售数据，检查店铺销售计划的执行情况，从而制定更准确的营销策略。

实训要求：查看 KK 旗舰店的销售数据（配套资源：\素材文件\项目四\综合实训\实训二\KK 旗舰店销售数据.xlsx），采用销售数据动态分析法，并结合 Excel 图表的可视化效果，分析店铺近两年的销售数据。

实训思路：本次实训首先使用 Excel 对表格中的数据进行计算和可视化展示，然后利用动态分析法分析销售数据，具体操作思路可参考图 4-31。

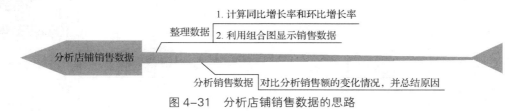

图 4-31　分析店铺销售数据的思路

实训结果：本次实训完成后的参考效果如图 4-32 所示（配套资源：\效果文件\项目四\综合实训\实训二\KK 旗舰店销售数据.xlsx）。从图 4-32 可知，2023 年各月的销售额相比 2022 年各月的销售额都有所增长，增长幅度较大的是 11 月和 12 月，这两个月份涉及"双十一"和"双十二"促销活动，其活动转化效果较好。

图 4-32　整理后的数据

巩固提高

1. 流量的类型有哪些？
2. 流量转化漏斗模型分为哪 5 层？各层的含义是什么？
3. 电商销售数据的特点和作用分别是什么？
4. 影响销售数据的相关指标有哪些？
5. 表 4-7 所示为某店铺 1—10 月的销售额，使用均值预测法预测 11 月的店铺销售额。

表 4-7 　　　　　　　　某店铺 1—10 月的销售额

月份	1 月	2 月	3 月	4 月	5 月	6 月	7 月	8 月	9 月	10 月
销售额/万元	5.5	4.8	4.7	5	5.8	6.5	5.9	5.5	5.8	7.5

6. 图 4-33 所示为某店铺在某个时间段的交易数据，请分析相关指标并给出结论。

图 4-33　某店铺在某个时间段的交易数据

会员数据化运营

学习目标

【知识目标】

（1）熟悉用户画像的作用和常用指标。

（2）掌握构建用户画像的具体方法。

（3）掌握会员数据化运营的关键指标。

（4）知晓会员数据化运营分析模型，并能在会员运营中运用这些模型。

【技能目标】

（1）能够从用户数据中提炼用户标签，并搭建用户画像。

（2）能够通过用户画像针对不同用户制定推广策略。

（3）能够从多个渠道获取会员数据，并搭建会员体系。

（4）能够熟练使用 RFM 模型细分会员，并针对不同类型的会员采取特定的运营策略。

【素养目标】

自觉维护用户个人信息，筑牢信息安全防线，推进国家安全体系建设。

项目导读

店铺要发展，就得有流量，不仅要精准吸引流量，还要将用户转化为会员，培养用户的忠诚度，沉淀流量。因此，会员经营非常重要。同时，会员的数量和质量代表了店铺的实力。KK 旗舰店中的一款主营咖啡豆销量一直不乐观，经大力推广后仍没有起色。为了优化推广效果，KK 旗舰店决定委托荣邦公司分析店铺的用户群，以优化推广策略。老李将工作安排给小赵，让小赵先构建用户画像，再分析店铺会员数据。

任务一　用户画像分析

任务描述

小赵接收到老李发布的任务后，仔细回顾了用户画像的构建流程，并认真查看了 KK 旗舰店提供的用户数据，从中筛选出可用的数据标签来搭建用户画像。小赵填写好任务单（见表 5-1）后便开始了工作。

表 5-1   任务单

任务名称	构建用户画像	
任务背景	KK 旗舰店主营的新品——摩卡咖啡豆，经大力推广后，销售量仍没有起色，为了快速定位目标用户、打开市场，需要构建这款商品的用户画像来全方位地了解该款商品的市场定位，从而更好地制定商品销售策略	
任务类别	□采集数据　　■处理数据　　■分析数据　　□制订报告/计划	
所需素材	配套资源：\素材文件\项目五\任务一\用户画像构建.xlsx	
工作任务		
任务内容		**任务说明**
任务演练：构建 KK 旗舰店的用户画像		① 根据用户数据创建数据透视表 ② 根据数据分析结果生成用户画像
任务总结：		

一、用户画像的定义

　　用户画像在店铺运营中运用广泛，是店铺收集与分析用户社会属性、生活习惯、消费行为等各方面信息的数据后，抽象出来的用户特征。换句话说，用户画像就是店铺通过多个维度对用户特征进行描述后的结果。

　　用户画像能够帮助店铺在商业战场上实现"精准打击"，从而更好地解决店铺运营的 4 个核心问题。

　　（1）流量问题。用户画像可以让店铺告别被动引流、实现主动引流，摒弃"开门等客"的老办法，主动引导用户上门。有了用户画像，店铺才能精准安排推广资源，将合适的商品展示在对应的用户眼前，实现精准推广和销售。

　　（2）转化率问题。用户画像可以让店铺知道不同用户的需求和喜好，精准把握用户特征，为每个用户提供个性化的商品和服务，进而提高商品转化率。

　　（3）客单价问题。用户画像可以让店铺深入了解用户的购物需求，并针对不同类型的用户采取不同的营销策略，通过定制消费场景、组合套餐等方式提高用户的商品购买数量和客单价。

　　（4）复购率问题。用户画像可以让店铺对用户的消费特征了然于心，通过提供个性化、差异化的服务提高用户黏性和忠诚度，进而促进用户复购率的提高。

二、用户画像的作用

　　通过用户画像，店铺能够快速找到目标群体，获得更精确的用户信息。具体而言，用户画像的作用体现在图 5-1 所示的 4 个方面。

　　（1）精准营销。明确用户的基本特征，了解用户的消费行为特征，洞察用户，让营销更加精准。例如，可以给经常看电影的用户发放电影套餐优惠券。如果没有用户画像，就很难实现这种精准化的营销方式。

图 5-1　用户画像的作用

（2）数据支撑。通过用户画像可以进一步挖掘用户数据，提高服务质量，也可以为运营管理提供更有利的数据支持。例如，为活动策划提供依据，对业绩进行周期性预测、趋势性预测等。

（3）标签准备。用户画像是店铺为用户贴上属性标签的前提，因此建立用户画像是为了给用户贴上标签做好准备。当被贴上标签的用户前来咨询产品时，店铺客服人员就可以根据该用户标签给出符合用户心理预期的推荐或回复。

（4）用户统计。根据用户的属性、行为特征等对用户进行分析后，统计不同特征下的用户数量、分布情况，以及分析不同用户画像群体的分布特征。

三、用户画像标签

用户画像实际上就是把用户信息标签化，通过收集用户的社会属性、消费习惯、消费偏好等各个维度的数据，刻画用户形象，并通过分析、统计这些特征，提取出用户的关键信息和特征，即用户标签，通常以关键词的形式出现。图 5-2 所示为用户画像标签集合，每个标签描述了该用户某一维度的特征，各个维度相互联系，共同构成对该用户的整体描述。

图 5-2　用户画像标签集合

商家在给用户匹配标签时，首先要将用户标签进行分类，能够将散乱的用户标签体系化，表 5-2 所示为按照 4 个层级梳理的用户标签分类，可以清晰地看到各个类别之间的层级关系和关联关系。

表 5-2　　　　　　　　　　　　按照 4 个层级梳理的用户标签分类

1 级标签	2 级标签	3 级标签	4 级标签
人口属性	用户基本信息	性别	男、女
		年龄	18 岁以下、18～25 岁……
		出生日期	1995 年 10 月 25 日、1998 年 5 月 2 日……

续表

1级标签	2级标签	3级标签	4级标签
身份属性	用户身份类别	地域	四川、江苏、浙江、河北……
		职业	学生、企业员工、教职工、个体户……
商业属性	消费习惯	价格偏好	高、中、低
		支付方式偏好	支付宝、微信……
		消费时机	上新、换季、大促、节日……
行为属性	用户因浏览/收藏/加购/购买行为产生的标签	浏览过店铺页面	浏览已购买、浏览未购买
		产生过加购行为	加购已购买、加购未购买
	用户按活跃程度不同产生的标签	用户活跃情况	潜在用户、新用户、老用户、流失用户、活跃用户……
定向属性	商品偏好	商品图案	花色、纯色……
		商品功能	装饰、娱乐、辅助学习……
		商品材质	按不同商品用料划分，如木质、玻璃等
		商品色彩	亮色、暗色
		商品用途	按不同商品用途划分，如办公用品、生活用品等
		商品工艺	手工、机械
		商品风格	标准、流行、时尚、个性

在实际操作中，用户标签的分类要根据具体的行业、商品以及业务需求决定。另外，从用户角度而言，用户特征会随时发生变化，一些关键特征的变动可能会引发用户画像的本质变化（如在结婚前后，用户的消费习惯就会发生变化），因此要及时更新标签。

提示

标签通常是人为规定的、高度精练的特征标识。现实生活中也经常会用到，例如，某用户是1998年出生的，那么他可能会被归类到"95后"这一标签类别中，"95后"就是该用户的标签，反映了该用户的年龄特征。同时，为方便记忆，标签要尽可能简练、准确。

四、用户画像的构建

用户画像的构建过程一般可以分为数据采集、数据标签化和生成用户画像3步。

（一）数据采集

数据是构建用户画像的基础和重要依据。商家在采集数据时，需要考虑多个维度，如用户属性数据、用户行为数据、用户交易数据等，并通过行业调研、用户访谈、平台数据收集等方式获取数据。图5-3所示为生意参谋记录的店铺支付金额动态数据信息。

对店铺而言，数据采集主要包括对用户属性数据、用户行为数据、用户交易数据等的采集。

（1）用户属性数据。用户属性数据包括年龄、性别、学历、收入水平等数据。用户属性数据能够让店铺清晰地知道商品的销售对象。

（2）用户行为数据。用户行为数据包括用户消费习惯、兴趣爱好、社交习惯等。这些数据能够帮助店铺清楚地了解用户的行为习惯、购物路径。用户的偏好数据较多，商家在采集时可重点采集与核心信息相关的数据。

（3）用户交易数据。用户交易数据是指用户购买商品行为相关的数据，包括客单价、消费金额、消费次数、复购率等。

扫码看彩色图

图 5-3　生意参谋记录的店铺支付金额动态数据信息

（二）数据标签化

商家在完成用户画像的基础数据采集后，还需要预处理用户数据，从海量数据中提炼出有效数据并构建模型。同时，商家还可以根据用户数据将用户拆分成不同的群组，并生成对应的用户标签。

标签的选择会直接影响用户画像的丰富度与准确度，因而将数据标签化时需要与商品自身的功能和特点相结合。例如，商品为锅，那么对应的标签就可以是铁锅、陶瓷锅、麦饭石色不粘锅等。

（三）生成用户画像

商家在给用户贴上不同的标签后，就可以汇总标签，建立用户画像模型了，该模型可以是囊括各种标签的 Excel 表格，也可以是一个可视化的用户画像模型，如图 5-4 所示。

图 5-4　用户画像模型

⏰ 提示

成功构建用户画像后，商家还可以评估用户画像的效果，根据用户画像调整运营策略后的销售额。

 **任务实施**

🎯 任务演练：构建 KK 旗舰店的用户画像

【任务目标】

首先查看 KK 旗舰店中所售商品的交易数据，然后从性别、年龄、职业分布以及消费习惯等维度进行分析，构建用户画像。

【任务要求】

本次任务的具体要求如表 5-3 所示。

表 5-3　　　　　　　　　　　　　　任务要求

任务编号	任务名称	任务指导
（1）	分析用户数据	为用户数据创建数据透视表，分析用户地域、年龄、性别、职业以及偏好
（2）	构建用户画像	提炼用户标签，以表格的形式构建用户画像

【操作过程】

（1）查看用户数据。图 5-5 所示为 KK 旗舰店提供的用户数据，接下来将以这些数据为基础，展开对用户的分析。

图 5-5　KK 旗舰店用户数据

（2）创建数据透视表。选择"Sheet1"工作表中包含数据的任意一个单元格，然后在【插入】/【表格】组中单击"数据透视表"按钮，在打开的"创建数据透视表"对话框中选中"新工作表"单选项，最后单击 确定 按钮。在新工作表中的"数据透视表字段"任务窗格中，将"所在地域"字段拖曳到"行"列表中，将"年龄分布"字段拖曳到"列"列表中，将"销售额/元"字段拖曳到"值"列表中，即可创建数据透视表，如图 5-6 所示。

（3）分析用户地域与年龄。选中整个数据透视表，插入柱形图类型（簇状柱形图）的数据透视图，如图 5-7 所示。由图 5-6 和图 5-7 可知，整体消费情况最好的是 31～

微课视频

构建 KK 旗舰店的用户画像

45岁的用户，但仅集中在少数省份，25岁以下的用户消费情况也较好；各省份不同年龄组用户的消费能力也存在一定的差异，消费能力较高的省份是江苏省和四川省。结合以上分析结果，KK旗舰店可以提炼出"25岁以下""31~45岁""江苏省""四川省"等标签。

图 5-6 创建数据透视表

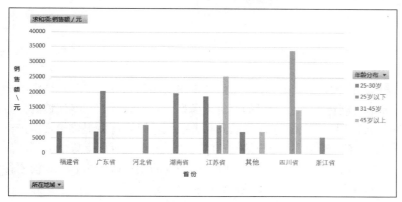

扫码看彩色图

图 5-7 创建数据透视图

（4）用户性别分析。在"数据透视表字段"任务窗格中，将"行"列表、"列"列表、"值"列表中的字段全部删除，然后将"性别"字段分别拖曳到"行"列表和"值"列表中，统计出用户性别数据，如图 5-8 所示。将自动生成的柱形图更改为饼图，显示用户性别占比，将图表标题更改为"用户性别占比"，如图 5-9 所示。由图可知，店铺女性用户占比 60%，男性用户占比 32%，可见店铺的主要用户群为女性。因此，店铺在今后的运营过程中，需要充分考虑女性用户的特点和购物偏好等。

图 5-8 用户性别数据

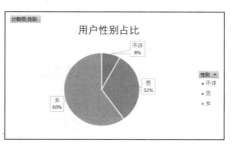

图 5-9 用户性别占比

（5）用户职业分析。按照相同的操作思路，首先在"数据透视表字段"任务窗格中将原有字段全部删除，然后将"职业"字段分别添加到"行"列表和"值"列表中，将自动生成数据透视表和数据透视图，将图表标题更改为"用户职业占比"，如图 5-10 所示。由图 5-10 可知，用户群体中人数排在前两位的职业依次为企业员工、学生，这两类用户占总体的 56%，因此，可以根据用户的职业特征提取出"企业员工""学生"等标签。

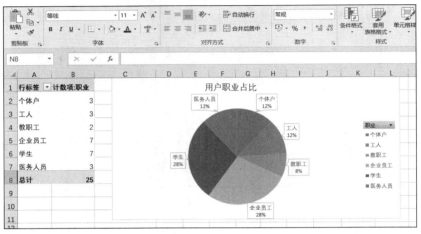

图 5-10　用户职业透视图表

（6）用户偏好分析。继续在"数据透视表字段"任务窗格中删除和添加字段，依次围绕"商品价格/元""访客来源"等字段创建图 5-11 所示的"价格偏好""商品偏好""终端偏好"数据透视图。从"价格偏好"图可知，用户更青睐 168 元的商品，那么这里就可以提炼出表示价格偏好的标签"168 元"。由"商品偏好"图可知，用户偏好速溶黑咖啡，由此可以提炼出表示商品偏好的标签"速溶黑咖啡"。由"终端偏好"图可知，使用 PC 端购物的用户占比达 64%，使用移动端购物的用户占比达 36%，由此可以提炼出表示终端偏好的标签"PC 端"。

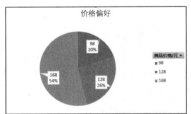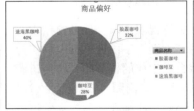

图 5-11　用户偏好分析数据透视图

（7）生成用户画像。综合上述标签，可以绘制出 KK 旗舰店目标用户的画像，具体如表 5-4 所示（配套资源:\效果文件\项目五\任务一\用户画像构建.xlsx）。那么 KK 旗舰店的目标用户便是：来自江苏省或四川省，年龄在 25 岁以下、31～45 岁的学生或企业员工，习惯使用 PC 端购物，偏好购买价格为 168 元的速溶黑咖啡。

> 提示
>
> 　　不同的商家划分的用户画像维度会有所不同，但只要满足当前的运营或决策需求即可。

表5-4　　　　　　　　　　　　　　　　KK 旗舰店目标用户的画像

标签	用户画像
性别	女性
年龄	25 岁以下、31～45 岁
地域	江苏省、四川省
职业	企业员工、学生
商品偏好	速溶黑咖啡
价格偏好	168 元
终端偏好	PC 端

任务二　会员数据分析

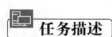 **任务描述**

　　用户画像对 KK 旗舰店的运营起到了很大的作用，但对会员的维护和管理来说意义不大，因此，小赵还需要分析店铺的会员数据，优化会员营销策略。小赵明确任务后，根据任务单（见表 5-5）开展工作。

表5-5　　　　　　　　　　　　　　　　　任务单

任务名称	分析店铺会员数据	
任务背景	KK 旗舰店的会员数量不少，但对会员的管理和维护工作做得不好，导致会员黏性差、忠诚度低。因此，需要重新构建会员体系，为不同会员制定具有针对性的营销策略	
任务类别	□采集数据　　■处理数据　　■分析数据　　□制订报告/计划	
所需素材	配套资源：\素材文件\项目五\任务二\KK 旗舰店会员数据.xlsx	
工作任务		
任务内容	任务说明	
任务演练：使用 RFM 模型分析店铺会员	① 使用 Excel 计算 RFM 模型 3 个维度的平均值 ② 利用 IF 函数评价 3 个维度 ③ 细分会员类型并提出具有针对性的营销策略	
任务总结：		

 **知识准备**

一、分析会员数据的作用

　　会员是已经加入店铺会员体系的用户，会员关系的管理在店铺日常运营中非常重要。会员数据越来越受到店铺的重视，这是因为通过分析会员数据，可以更好地实行精准推广，促进商品销售和品牌形象的树立。

（一）精准推广

很多店铺会向会员发送优惠信息、商品上新信息等，有的店铺会得到很好的反馈，但有的店铺发送的消息则石沉大海。区别在于，在发送信息之前，店铺有没有认真分析数据，并进行个性化推送。例如，将不实用的新品信息推送给非常注重实用性的会员，往往得不到任何反馈，甚至会使会员反感。

因此，分析会员数据能够帮助商家做到精准推广，使店铺运营事半功倍。

（二）提高店铺销售额

影响店铺销售额的要素中，流量、转化率、客单价等都与会员数据紧密相关，所以分析会员数据对店铺销售额会有很大影响。做好会员关系的维护，将新用户转化成会员，获取流量的成本就会低很多；同时，会员带来的转化率是远高于新用户的，因此会员的流量质量也非常高。另外，会员大多认可店铺的商品和服务，因此购买多件商品的概率比新用户更高，从而能够提高客单价。

> ⏰ **提示**
>
> 会员维护不能只停留在数据分析这一步，还需要店铺做好商品、客服和物流管理。商品的质量、客服的处理方式、物流的快慢和好坏，都会影响会员对店铺的忠诚度。

二、会员数据的获取途径

用户在店铺购买商品后，就会留下一定的数据，如昵称、地址等，这些数据实际上都被保留下来，通过电商平台（如淘宝客户运营平台等）、CRM（Customer Relationship Management，客户关系管理）软件就能够获取。

（一）淘宝客户运营平台

在千牛工作台顶部的搜索框中输入关键词"客户运营"，在弹出的搜索列表中将显示"客户运营"工具，单击该工具，就可进入客户运营平台。选择客户运营平台左侧导航栏中的"客户列表"选项，在"客户列表"栏中可查看所有成交客户、未成交客户和询单客户的信息，如图 5-12 所示。另外，还可以选择"客户分群"选项对客户进行分群管理。

图 5-12　淘宝客户运营平台"客户列表"页面

（二）CRM 软件

CRM 软件相比淘宝的客户运营平台，其功能更加完善和强大，但需要付费订购才能使用。目前，市场上的 CRM 软件有很多，图 5-13 所示就是其中的一款。不同的 CRM 软件侧重的功能不同，选择适合自己的即可。

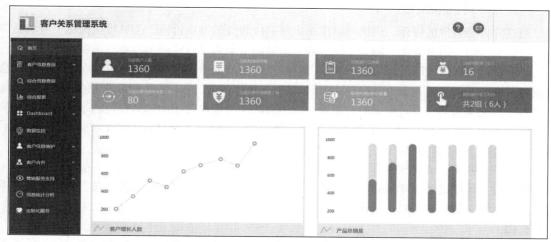

图 5-13   CRM 软件

三、会员数据化运营关键指标

会员数据化运营主要用来解决会员生命周期划分、会员核心诉求、会员价值塑造等问题，其中涉及的关键指标主要有会员营销指标、会员活跃度指标、会员价值指标 3 类。

（一）会员营销指标

会员营销的基础是存在可营销的会员，即通过一定方式能够取得联系并进行营销的会员。店铺在找到可营销的会员之后，就需要预估会员营销的费用，因此涉及的营销指标主要包括可营销会员数、营销费用等。其中，营销费用主要包括营销媒介费用、优惠券费用、积分兑换费用等。

（二）会员活跃度指标

会员活跃度是评估会员活跃情况、分析会员状态的重要指标。会员活跃度指标包括活跃会员数、活跃率、页面浏览量、启动次数等。

（1）活跃会员数。活跃会员数通常分为日活跃会员数、周活跃会员数和月活跃会员数 3 种。日活跃会员数指的是在 24 小时内活跃会员的总量；周活跃会员数表示 7 天内进入店铺的会员数量；月活跃会员数指的是一个月的时间周期内去重后的活跃会员数总和。

（2）活跃率。活跃会员数衡量的是店铺在会员中的受欢迎程度，而活跃率则体现的是会员对店铺的忠诚度。活跃率的计算公式为：活跃率=活跃会员数/总会员数。

（3）页面浏览量。在网页的一次访问请求可以看作一个页面浏览量（Page View，PV），若会员浏览了 10 个网页，则 PV 值为 10。

（4）启动次数。启动次数体现的是会员的使用频率，会员的日均启动次数越多，说明会员对店铺或商品的依赖性越高，活跃度也就越高。

与活跃会员相对应的还有流失会员、忠实会员、回流会员，其中，流失会员是长期不活跃的会员；忠实会员是长期活跃的会员；回流会员是曾经不活跃或流失，后来又再次回归活跃的会员。

（三）会员价值指标

　　通过分析会员价值指标，店铺可以挖掘出每一位会员的潜在价值。会员价值指标一般包括最近一次消费时间、消费频率、消费金额、最大单笔消费金额以及最高单价商品消费占比等。

　　（1）最近一次消费时间。最近一次消费时间是指会员上一次购买商品的时间，它可以反映会员的忠诚度。一般来说，最近一次消费时间越近是越理想的，因为最近才购买店铺商品的会员是最有可能再次购买的会员。根据会员最近一次消费时间与现在时间的间隔长短的不同，将其转换为对应的指数，如最近 15 天有消费，对应的指数为"5"，最近 1 个月有消费，对应的指数为"4"等，以此类推。间隔时间越长，对应的指数越低，最低为"1"。

　　（2）消费频率。消费频率是指会员在限定的时间内购买店铺商品的次数。一般来说，消费频率高的会员，可能是满意度最高、忠诚度最高的会员，也可能是最有价值的会员。根据会员在指定时期重复购买的频率不同，可将其转换为对应的指数，从高到低依次为 5、4、3、2、1（以下指标类似）。

　　（3）消费金额。消费金额是指会员购买店铺商品的金额。通过比较同一会员在一定期限内购买店铺商品的金额，可以及时了解该会员购买态度的变化，如果消费金额下降，则店铺要引起足够重视，并及时找到原因，同时想办法补救。根据会员在指定时期消费金额的不同，将其转换为对应的指数，消费金额越大，指数越高。

　　（4）最大单笔消费金额。此指标体现的是会员的购买力，最大单笔消费金额越大，说明会员的购买力越强，店铺应重点维护。最大单笔消费金额同样可以转换为对应的指数，最大单笔消费金额越大，指数越高。

　　（5）最高单价商品消费占比。这是最大单笔消费金额的拓展指标，可以体现会员的价格接受度，具体值和价格接受度为正相关。最高单价商品消费占比越高，说明会员能接受的商品价格就越高。

　　会员终生价值也是会员价值中的一个重要指标，是指每个会员在其整个会员生命周期内，可能为店铺带来的收益总和。一个会员的价值大小需要通过会员终生价值指标进行衡量，会员终生价值越高，说明会员能为店铺带来的收益越多。

四、会员数据化运营分析模型

　　在电商领域，常用的会员数据化运营分析模型为 RFM 模型。RFM 模型是通过分析会员最近一次消费时间、消费频率和消费金额来描述会员价值状况的分析模型，商家运用该模型可以明确会员价值，细分会员类型，提升会员服务的精准性和有效性。

（一）使用 RFM 模型划分会员类型

　　RFM 模型中，*R*、*F*、*M* 分别表示最近一次消费时间间隔（Recency）、消费频率（Frequency）

和消费金额（Monetary）对应的指数。在 RFM 模型中，通常将会员按照 R、F、M 这 3 个指标从低到高排序；然后将 R、F、M 从高到低组合，如图 5-14 所示；最后根据这 3 个指标的高低档位组合定义会员价值，划分会员类型，如图 5-15 所示。

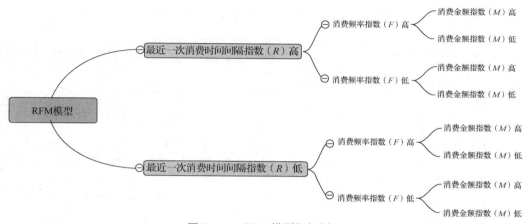

图 5-14　RFM 模型指标划分

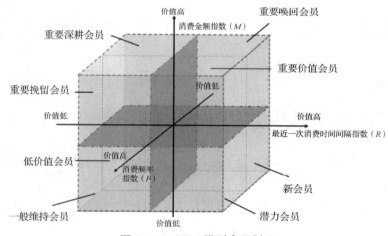

图 5-15　RFM 模型会员划分

在实际的会员数据分析中，店铺可以以表格的形式呈现会员类型，如表 5-6 所示。

表 5-6　　　　　　　　　　　　　会员分类

会员细分类型	R	F	M
重要价值会员	高	高	高
重要唤回会员	高	低	高
重要深耕会员	低	低	高
重要挽留会员	低	高	高
低价值会员	低	低	低
新会员	高	低	低
一般维持会员	低	高	低
潜力会员	高	高	低

（二）RFM 模型的应用

店铺利用 RFM 模型分析会员数据时，首先需要获取与 R、F、M 指标相关的会员数据，然后利用 Excel 中的 IF 函数分析这 3 个指标的数据，根据函数计算结果划分会员类型，并制定相应的营销策略。表 5-7 所示即某店铺对会员类型的细分和制定的营销策略。

表 5-7　　　　　　　　某店铺对会员类型的细分和制定的营销策略

会员细分类型	营销策略
重要价值会员	针对此类会员，店铺需要向其密集传递促销信息，保障促销信息精准触达，提高复购率
重要唤回会员	针对此类会员，店铺需要长期维护，可以向他们推送品牌活动信息、提供专属服务、发放会员权益等
重要深耕会员	针对此类会员，店铺需要加强购买引导，可开展关联营销，并加大优惠力度
重要挽留会员	此类会员可能即将流失，因此需要店铺重点联系，提高服务质量，并想办法挽回，提高留存率
潜力会员	针对此类会员，店铺需要向其销售价值更高的商品，并提供一定的会员权益、折扣优惠，在保持其消费频率的同时，提高其单次消费金额
新会员	针对此类会员，店铺可向其提供免费试用的机会，提高其购买兴趣；同时，店铺也要降低向其推送营销活动的频次
一般维持会员	针对此类会员，店铺将以折扣热门商品与他们重新取得联系；并向其推送促销信息、折扣信息，保持其消费频率，提高消费金额
低价值会员	针对此类会员，店铺需要提升优惠力度，以此恢复其购买兴趣，也可以暂时放弃低价值会员

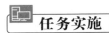

任务实施

任务演练：使用 RFM 模型分析店铺会员

【任务目标】

使用 RFM 模型细分店铺会员，并针对不同类型的会员制定不同的营销策略，以优化会员营销。

【任务要求】

本次任务的具体要求如表 5-8 所示。

表 5-8　　　　　　　　　　　　　　任务要求

任务编号	任务名称	任务指导
（1）	计算会员数据	计算时间间隔，计算时间间隔、交易量、交易总额实际值 R'、F'、M' 的平均值
（2）	评价会员各维度值	利用 IF 函数评价 3 个维度，当 R' 值低于平均值时，评价为"高"；当 R' 值高于平均值时，评价为"低"；另外两个维度的评价与 R' 值相反
（3）	制定营销策略	根据评价结果细分会员类型，然后针对不同会员制定不同的营销策略

【操作过程】

（1）插入单元格。打开"KK 旗舰店会员数据.xlsx"工作簿，在 Sheet3 工作表中选择 C 列单元格，然后在【开始】/【单元格】组中单击"插入"下拉按钮 ，在打开的下拉列表中选择"插入单元格"选项，如图 5-16 所示，将在 C 列单元格左侧插入一个新列。

（2）输入文本内容。在新插入的 C1 单元格中输入文本"时间间隔"，如

微课视频

使用 RFM 模型分析店铺会员

图 5-17 所示，然后在 F1、G1、H1 单元格中依次输入文本"R'""F'""M'"。

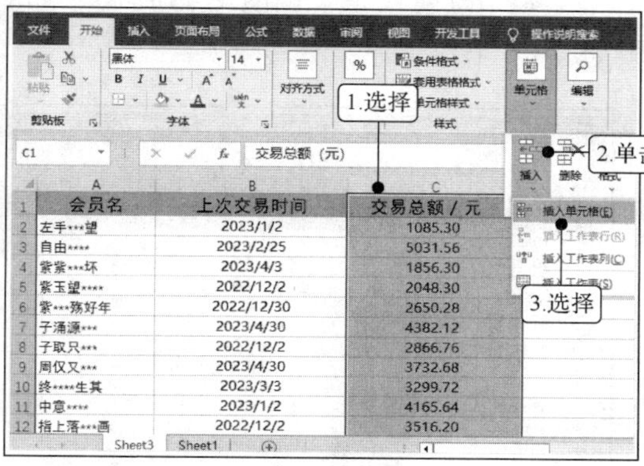

图 5-16　在工作表中插入单元格

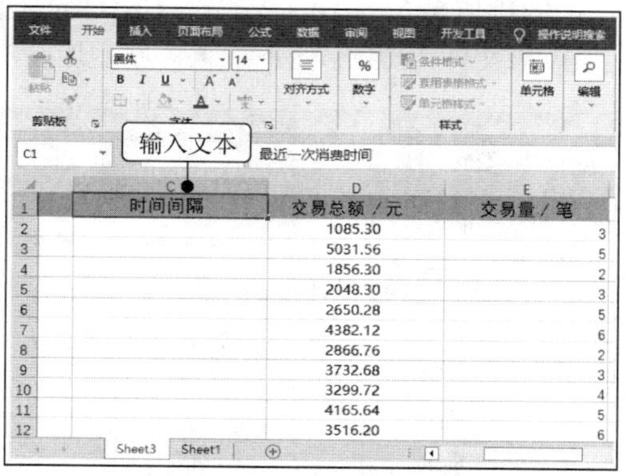

图 5-17　在单元格中输入文本

（3）计算时间间隔。由于获取的会员数据中只有上次交易时间，因此需要利用 TODAY 函数的当前时间减去上次交易时间，得到时间间隔，如图 5-18 所示。按【Enter】键，得到计算结果。拖动 C2 单元格右下角的填充柄＋，将公式复制到 C3:C18 单元格区域。

（4）更改数字格式。由于计算结果默认为日期类型，不便于后期计算，所以这里选择 C2:C18 单元格区域，在【开始】/【数字】组中单击"数字格式"下拉按钮，在弹出的下拉列表中选择"常规"选项，如图 5-19 所示，将数字格式更改为常规。

图 5-18　计算时间间隔

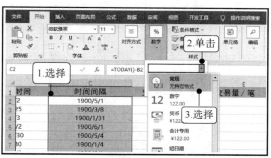

图 5-19　更改数字格式

（5）计算平均值。在 B19 单元格中输入文本"平均值"，然后选择 C19 单元格，并单击【公式】/【函数库】组中的"自动求和"下拉按钮 ，在打开的下拉列表中选择"平均值"选项，如图 5-20 所示。此时 C19 单元格中将自动显示公式，确认无误后按【Enter】键。最后将 C19 单元格中的公式复制到 D19:E19 单元格区域。

（6）评价 R'、F'、M'这 3 个维度。利用 IF 函数将每个会员各维度的数据与对应的平均值比较，其中，R'对应"时间间隔"，如果低于平均值，则评价为"高"；如果高于或等于平均值，则评价为"低"。另外两个维度（F'对应"交易量"、M'对应"交易总额"）如果高于或等于平均值，则评价为"高"；低于平均值，则评价为"低"。结果如图 5-21 所示。

（7）细分会员类型。选择 I2:I18 单元格区域，然后在编辑栏中输入嵌套函数"=IF(AND(F2="高",G2="高",H2="高"),"重要价值会员",IF(AND(F2="低",G2="高",H2="高"),"重要挽留会员",IF(AND(F2="低",G2="低",H2="高"),"重要深耕会员",IF(AND(F2="高",G2="低",H2="高"),"重要唤回会员",IF(AND(F2="高",G2="高",H2="低"),"潜力会员",IF(AND(F2="高",G2="低",H2="低"),

"新会员",IF(AND(F2="低",G2="高",H2="低"),"一般维持会员",IF(AND (F2="低", G2="低",H2="低"),"低价值会员")))))))"，按【Ctrl+Enter】组合键，得出计算结果，如图 5-22 所示（配套资源：\效果文件\项目五\任务二\KK 旗舰店会员数据.xlsx）。

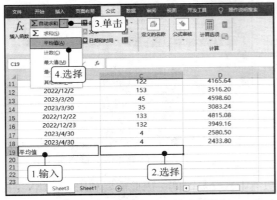

图 5-20　使用平均值函数计算数据

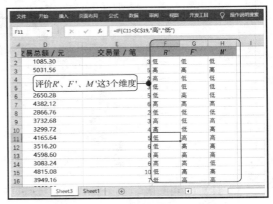

图 5-21　利用 IF 函数评价各维度

图 5-22　细分会员类型

（8）制定营销策略。根据细分的会员类型并结合店铺需求，为每一类会员制定相应的营销策略，如图 5-23 所示。

会员细分类型	营销策略
重要价值会员	向其倾斜更多资源，并密集向其传递促销信息，同时保证促销信息精准触达
重要挽留会员	加强与此类会员的沟通与联系，同时提高服务质量，并实施个性化的关怀，提高留存率
重要唤回会员	向其推送品牌活动，提供专属服务，通过新商品激活他们的购买欲望
一般维持会员	以折扣热门商品的形式重新与他们取得联系，并向其传递促销信息
新会员	提供免费试用服务，提高其购买兴趣
潜力会员	向其销售价值更高的商品，并提供一定的会员权益消息，提高其单次消费金额
低价值会员	提升优惠力度，以此恢复其购买兴趣，否则暂时放弃

图 5-23　针对不同会员制定的营销策略

素养小课堂

　　会员数据化运营可以让店铺更好地服务会员，了解会员需求。这就要求运营人员具有较高的数据敏感度，并具有一定的洞察力，能够从数据中洞察危机和机遇，不断探索新的运营方法。

综合实训

实训一　分析用户数据

　　实训目的：通过分析用户数据明确用户画像，便于后续开展精准营销。

　　实训要求：打开"用户数据.xlsx"工作簿（配套资源：\素材文件\项目五\综合实训\实训一\分析用户数据.xlsx），然后创建数据透视表，并创建柱形图类型的数据透视图，根据图表提炼用户标签。

　　实训思路：本次实训将在 Excel 中进行，具体操作思路可参考图 5-24。

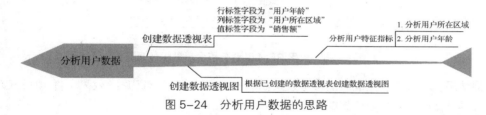

图 5-24　分析用户数据的思路

　　实训结果：本次实训完成后的参考效果如图 5-25 所示（配套资源：\效果文件\项目五\综合实训\实训一\分析用户数据.xlsx）。

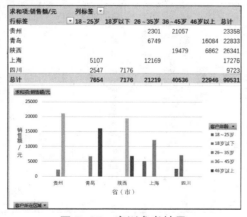

扫码看彩色图

图 5-25　实训参考结果

实训二　利用 RFM 模型分析会员数据

　　实训目的：练习使用 RFM 模型分析会员数据，掌握 RFM 模型的应对方法。

　　实训要求：首先在"RFM 模型分析会员数据.xlsx"工作簿（配套资源：\素材文件\项目五\综合实训\实训二\RFM 模型分析会员数据.xlsx）中计算时间间隔，然后对 3 个维度数据进行赋值（R

维度赋值要求：时间间隔小于 30 天，赋值 5；时间间隔大于等于 30 天且小于 100 天，赋值 4；时间间隔大于等于 100 天且小于 200 天，赋值 3；时间间隔大于等于 200 天且小于 300 天，赋值 2；时间间隔大于等于 300 天，赋值 1。F 维度赋值要求：购物次数小于 3，赋值 1；购物次数大于等于 3 且小于 5，赋值 2；购物次数大于等于 5 且小于 7，赋值 3；购物次数大于等于 7 且小于 9，赋值 4；购物次数大于等于 9，赋值 5。M 维度赋值要求：购物总金额小于 500 元，赋值 1；购物总金额大于等于 500 元且小于 1 000 元，赋值 2；购物总金额大于等于 1 000 元且小于 2 000 元，赋值 3；购物总金额大于等于 2 000 元且小于 5 000 元，赋值 4；购物总金额大于等于 5 000 元，赋值 5），最后利用公式将 3 个维度数据连接在一起，分析各会员价值。

实训思路： 本次实训将使用 RFM 模型分析会员数据，涉及的操作包括数据的整理、计算，以及公式的使用等，具体操作思路可参考图 5-26。

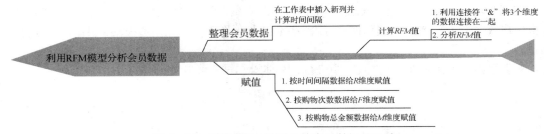

图 5-26　利用 RFM 模型分析会员数据的思路

实训结果： 本次实训完成后的参考效果如图 5-27 所示（配套资源：\效果文件\项目五\综合实训\实训二\RFM 模型分析会员数据.xlsx）。

	A	B	C	D	E	F	G	H	I	J	K
1	会员姓名	性别	年龄	购物次数	购物总金额/元	上次购物时间	时间间隔/天	R	F	M	RFM
2	李妍	女	19	3	1052.0	2022/12/11	145	3	2	3	323
3	徐允和	男	21	2	685.0	2022/10/14	203	2	1	2	212
4	蔡可	男	19	3	1156.0	2023/1/10	115	3	2	3	323
5	姜梦瑶	女	27	5	3685.0	2023/4/21	14	5	3	4	534
6	汪娟昭	女	26	2	568.5	2022/12/14	142	3	1	2	312
7	茅彤	女	23	1	260.0	2023/3/9	57	4	1	1	411
8	路嘉	女	24	6	2653.4	2022/11/3	183	3	3	4	334
9	何沐依	女	21	3	895.0	2023/1/12	113	3	2	2	322
10	章菁	女	26	5	2685.0	2023/1/22	103	3	3	4	334
11	邹德	男	30	3	865.0	2022/12/7	149	3	2	2	322
12	常悦斌	男	21	3	968.0	2023/3/14	52	4	2	2	422
13	马赏瑶	男	24	2	563.0	2023/2/20	74	4	1	2	412
14	平聪竹	男	20	2	520.0	2023/1/20	105	3	1	2	312
15	胡锦	男	30	3	653.0	2022/12/21	135	3	2	2	322
16	毕文	女	20	5	2635.0	2022/12/27	129	3	3	4	334
17	秦惠伦	女	30	6	3652.0	2022/10/27	190	3	3	4	334
18	吕鹏灵	男	24	2	365.0	2022/10/29	188	3	1	1	311
19	鲁怡妍	女	31	3	708.0	2023/4/4	31	4	2	2	422
20	杜琳雪	女	23	3	882.0	2023/5/1	4	5	2	2	522
21	苏亚伊	女	27	5	3685.0	2022/11/2	184	3	3	4	334
22	伍黛时	女	32	1	365.0	2023/2/25	69	4	1	1	411
23											

H3　=IF(G3<30,5,IF(G3<100,4,IF(G3<200,3,IF(G3<300,2,1))))

会员数据　Sheet1

图 5-27　实训参考效果

提示

RFM 模型除了可以通过高、低评价会员各维度结果外，还可以通过赋值计算的方法量化会员的 RFM 值。二者的原理是相似的，具体采用何种方法分析会员数据，运营人员可根据实际需求进行选择。

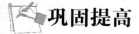巩固提高

1. 什么是用户画像?

2. 用户画像的作用有哪些?

3. 简述用户画像的构建流程。

4. 简述会员数据的获取途径。

5. 试利用用户数据（配套资源：\素材文件\项目五\巩固提高\店铺用户数据.xlsx），按照用户画像的构建流程分析用户的性别、年龄和地区分布情况，并完成用户画像的构建。

6. 图 5-28 所示为某男装店铺近一周会员消费数据，请利用 RFM 模型将 R、F、M 这 3 个指标与平均值对比，细分会员类型，并针对不同类型的会员制定不同的营销策略。

	A	B	C	D	E	F
23	会员姓名	性别	年龄	消费频次 / 次	消费金额/ 元	上次购物时间
24	齐钊莎	女	25	3	852.0	2023/2/2
25	严楠园	女	28	2	376.0	2022/2/28
26	郑萱	女	26	3	891.0	2022/12/9
27	霍翔	男	24	1	293.0	2022/10/6
28	贺晶启	男	20	3	714.0	2023/1/29
29	于晴亨	男	24	3	795.0	2023/2/27
30	岑怡素	女	19	2	468.0	2022/11/29
31	柏淇依	女	24	1	251.0	2023/4/27
32	费憧乐	女	25	2	518.0	2023/3/12
33	施卿	男	26	3	801.0	2023/3/22
34	岑霭嘉	男	27	1	228.0	2022/10/3
35	尤美家	女	30	1	282.0	2023/3/6
36	谢浩雨	女	23	3	774.0	2022/12/23
37	郭嘉	男	19	1	262.0	2022/12/19
38	余君	男	27	2	522.0	2022/11/12
39	钱枝	男	29	1	241.0	2023/1/29
40	吕莉	男	22	3	852.0	2023/4/26
41	尹雪爽	女	31	1	214.0	2023/2/24
42	季琳君	女	20	2	590.0	2022/11/20
43	柏珊晨	男	30	2	598.0	2023/3/18
44	邹鸣	男	31	2	544.0	2023/4/11
45						

图 5-28　某男装店铺近一周会员消费数据

店铺服务数据化运营

学习目标

【知识目标】

（1）熟悉 DSR 评分对店铺的影响。

（2）掌握维护与提高 DSR 评分的方法。

（3）掌握分析客户服务数据、物流服务数据的方法。

（4）知晓物流数据控制指标。

【技能目标】

（1）能够通过 DSR 评分的变化趋势评判店铺服务质量并确定优化方案。

（2）能够运用数据分析客户服务出现的问题，并有针对性地提出优化建议。

（3）能够独立完成物流服务数据的分析工作。

【素养目标】

培养以客户为中心、对客户负责的工作态度，诚信经营，不断提升店铺服务水平。

项目导读

评价是完成一项交易的最后一个步骤，评价的好坏将影响店铺信用度的高低。而客户对店铺的评价往往涉及商品、客户服务、物流服务等方面，并通过 DSR 评分反映出来。KK 旗舰店的淘宝 DSR 评分低于行业平均水平，失去了一些客户。为了提高 DSR 评分，挽回客户，KK 旗舰店决定委托荣邦公司分析店铺的 DSR 评分数据以找出问题，并进行优化。老李将工作安排给小赵，让小赵先分析店铺评价数据，找出 DSR 评分下降的原因，针对问题提出优化策略以提高 DSR 评分。

任务一 店铺评价数据分析

任务描述

小赵接到老李发布的任务后，马上通过淘宝进入 KK 旗舰店。在查看 DSR 评分后，小赵发现店铺整体评分不高，特别是部分指标的评分很低。于是，小赵先分析了整体的 DSR 评分数据，掌握店铺整体评价情况后，填写了任务单（见表 6-1）。

表 6-1   任务单

任务名称	分析 KK 旗舰店评价数据	
任务背景	KK 旗舰店的口碑一直不错，但近期其淘宝的 DSR 评分开始下滑，有的月份的评分甚至从 4.9 下滑至 4.5，流失了大量客户，不利于店铺稳定发展，因此，急需对 DSR 评分进行分析	
任务类别	□采集数据　　□处理数据　　■分析数据　　□制订报告/计划	
所需素材	配套资源：\素材文件\项目六\任务一\KK 旗舰店评价汇总.xlsx	
工作任务		
任务内容	任务说明	
任务演练：分析 KK 旗舰店评价数据	① 分析 KK 旗舰店分类占比 ② 分析 KK 旗舰店正负评价占比	
任务总结：		

知识准备

一、店铺服务评级系统的组成

DSR 评分是淘宝的店铺服务评级系统，反映了店铺的服务质量，更体现了店铺的信用程度。当前淘宝的 DSR 主要指动态评分系统，且以半年为一个评分周期，主要涉及宝贝与描述相符、卖家的服务态度、物流服务的质量 3 个指标。当这 3 个指标等于或高于同行业平均水平时，会以红色显示数据；当这 3 个指标低于同行业平均水平时，会以绿色显示数据，如图 6-1 所示。

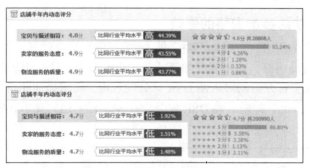

图 6-1　店铺半年内动态评分

> ⏰ **提示**
>
> 当一个店铺的 DSR 评分长期处于绿色状态时，即使在流量相同的情况下，店铺的成交转化率会偏低，商品排名也会相对靠后，商品获得的流量就会减少，容易形成恶性循环。

（1）宝贝与描述相符。宝贝与描述相符主要从客户收到商品后的体验角度出发，反映实际收到的商品与店铺描述的相符程度。这个指标在一定程度上可以防止一些店铺采用欺骗性的诱导手段销售商品，有助于保障客户的网购安全。

（2）卖家的服务态度。卖家的服务态度就是客户对店铺客服在服务过程中的态度、礼貌程度、回应速度等表现的综合评价。良好的卖家服务态度是为客户提供舒适购物体验的重要前提，会影响客户的复购。

（3）物流服务的质量。物流服务的质量指店铺通过提供物流服务，对达到服务商品质量标准、满足客户需要的保证程度。店铺应当加强与物流公司的沟通、协调，努力提升物流服务质量，进而为客户提供更好的购物体验。

二、DSR 评分对店铺的影响

DSR 评分作为衡量服务水平的重要数据，对店铺的权重有着重大影响。好的 DSR 评分可以让店铺排名靠前，带来更多流量，提高店铺销量。一般来说，DSR 评分对店铺的影响主要体现在商品排名、商品成交转化率和官方活动的参加资格 3 个方面。

（一）对商品排名的影响

在淘宝上架新商品时，每个商品都会有一个基础权重，该基础权重由店铺权重与商品权重共同构成。其中，DSR 评分在店铺权重中占据着非常重要的地位。DSR 评分越高，商品的初始权重值就越大，商品在搜索结果页的排名也就越靠前。

（二）对商品成交转化率的影响

DSR 评分高，给客户的印象就是店铺信用好，店铺的商品质量等各个方面都值得信赖。所以，当对某商品感兴趣的客户访问商品后，会受 DSR 评分的影响，其购买的概率会提高，进而提高商品的成交转化率。相反，对于 DSR 评分较低的店铺，即便客户访问了其中的商品，综合考虑 DSR 评分后，可能会放弃购买。因此，DSR 评分的高低与商品的成交转化率往往有非常直接的联系。提高 DSR 评分，有助于获得客户的信任，提高客户购买的概率。一旦 DSR 评分下降，店铺应马上设法阻止这种趋势。

（三）对官方活动的参加资格的影响

一般情况下，淘宝的所有官方活动都对店铺 DSR 评分有明确要求。如果店铺 DSR 评分低于活动规定，那么即便商品再好，也不能参加该活动，也就失去了这个引流的好机会。

图 6-2 所示为某淘宝官方活动对店铺 DSR 评分的规定，要求描述相符、服务态度、物流服务这 3 个指标在 4.6 分及以上，如果店铺 DSR 评分中任一指标未达到要求，那么店铺就无法参加这个活动。

对店铺的要求

你的资质	资质名称	活动要求	操作
符合	未因虚假交易被限制参加营销活动	你的店铺未因虚假交易被限制参加营销活动;	查看
符合	未因出售假冒商品被限制参加日常营销活动	店铺未因出售假冒商品被限制参加营销活动;	查看
符合	未因活动中扰乱市场秩序被限制参加营销活动	您的店铺在活动中，不得存在利用非正当手段扰乱市场秩序的行为，包含但不仅限于虚构交易、虚构购物车数量、虚构收藏数量等行为。;	查看
符合	物流服务	店铺物流服务需在4.6分及以上;	查看
符合	近30天店铺纠纷退款	要求店铺满足如下任意一种 [近30天纠纷退款笔数小于3笔, 近30天纠纷退款率行业倍比不超过5倍];	查看
符合	廉正调查	要求店铺未涉及廉正调查;	--
符合	服务态度	店铺服务态度需在4.6分及以上;	查看
符合	支付宝账户身份认证信息完善程度达到II类支付账户	要求支付宝账户身份认证信息完善程度达到II类支付账户;	查看
符合	要求店铺未因为违禁或品控B类6分严重违规处罚被限制参加本年度营销活动	要求卖家店铺未因为违禁或品控B类6分严重违规处罚被限制参加本年度营销活动;	查看
符合	要求店铺具有一定综合竞争力	要求店铺具有一定的综合竞争力;	--
符合	未因出售假冒商品被限制参加大型营销活动	要求店铺未涉及出售假货违规处罚;	查看
符合	未因严重违规行为被限制参加营销活动	店铺未因严重违规行为被限制参加营销活动;	查看
符合	未因一般违规行为被限制参加营销活动	店铺未因一般违规行为被限制参加营销活动;	查看
符合	描述相符	店铺描述相符需在4.6分及以上;	查看

图 6-2　某淘宝官方活动对店铺 DSR 评分的规定

三、维护与提高 DSR 评分

提高 DSR 评分，其根本是提升自身店铺的商品和服务，而更为直接的方法则是提高 DSR 评分的 3 个指标的评分。

（一）提高宝贝与描述相符评分

宝贝与描述相符评分低的原因主要有商品质量问题、商品与描述不符等。店铺要想提高宝贝与描述相符的评分，应该从商品质量、图片内容以及商品大小等方面进行考虑。

（1）商品质量。商品质量决定了店铺的竞争力。优质商品容易获得客户的好评，而劣质商品即使价格低廉、包装精美，也会损害商品的使用价值，降低客户满意度，得到差评的概率自然就大大提高了。为了更好地体现店铺商品的质量和其他情况，淘宝会在宝贝评论区域以标签的形式总结出该商品的特点。图 6-3 所示为某童鞋的评论标签，可以看出，大部分标签内容都是正面的，标签内容直接反映了商品的特点，如码数很准、没有异味等，这为其他客户了解该商品提供了参考。

图 6-3　某童鞋的评论标签

（2）图片内容。店铺的商品主图、详情页的商品细节图等与商品相关的图片，都是客户非常重视的购物参考信息。图片内容如果与实际商品的情况非常符合，往往能够得到好评并提高成交转化率；但如果客户收到商品后，发现实物与图片的反差极大，或实物完全不像图片展示出来的那样优质，这种心理落差往往会导致客户给出差评，即便客户不给出差评，往往也会给出较低的评分。图 6-4 所示为某服装由于图片与实物不符，导致客户收到商品后给出差评的情况。针对此类情况，店铺除了要保证图片精美、能够更好地体现商品的特点外，更重要的是保证图片如实反映商品情况。这样才能保证客户收到实物后不会有过大的心理落差，才能提高宝贝与描述相符的评分。

图 6-4　图片与实物不符导致的差评

（3）商品大小。商品大小有时会在客户心中引发一种心理误判，导致客户对商品的认知和期望产生偏差。即便店铺描述的是真实尺寸，但由于一些客户的心理预期出现偏差，因此在收到实物后会主观感觉商品过大或者过小。对于箱包等涉及体积问题的商品而言，除了有真实的数据呈现外，最好能有直观的对比呈现，这样才能让客户更清楚地意识到这款商品的大小情况。例如，图 6-5 所示的商品图，左图就无法表现出这款商品的实际大小；右图通过模特展示，能够更加直观地表现出这款商品的大小。商品大小同样能够影响客户的购物体验，也是影响宝贝与描述相符评分的重要因素，店铺应该予以足够的重视。对于一些无法给出精确尺寸的商品，店铺可以在尺码图中附上"因测量方法和工具有异，可能会存在 1～3cm 的误差"等语句，让客户知道可能存在一定的误差。

图 6-5　商品大小的展示

（二）提高卖家的服务态度评分

在市场竞争越来越激烈的今天，谁能做好服务，谁就更容易赢得客户的青睐。对于网购平台而言，服务是提高店铺转化率的关键。越来越多的店铺开始重视客户服务环节，对客服态度、客服响应时间、客服专业程度进行严格考核，目的就在于通过提升服务态度提高店铺口碑，留住客户，最终提高交易转化率。

客户在购物时，经常会与客服人员沟通。在这个过程中，客户能直观地感受到店铺服务态度的好坏。在客户咨询时，客服人员回复的时间长短、态度是否热情、建议是否合理等，都能让客户产生不同的购物体验。店铺可以通过数据化管理的方式，建立客服 KPI 考核系统管理客服人员。

（三）提高物流服务的质量评分

物流服务虽然与物流公司紧密相关，但是与物流这个环节相关的一些工作，如店铺发货速度、发货检查、商品包装等，则与店铺直接相关。因此，店铺可以从发货环节入手，如发货前先仔细检查商品，确保商品没有质量问题后再联系物流公司发货，待商品正常运输后，与物流公司保持联系，随时关注物流情况并告知客户。做好这些工作，店铺的物流服务评分就能得到提高。

（1）发货速度。发货速度是以客户拍下商品后到店铺发货的时间间隔进行衡量的。正常情况下，店铺的发货截止时间应设置在 24 小时内，在当天发货截止时间前，所有订单都应当全部完成审核并发出，以尽量缩短客户收货的时间。对于一些经营特殊商品的店铺，如交通不便的地区的种植园，从接到订单到完成采摘以及运送下山，这个过程会耗费很长的时间，店铺应该说明情况，让客户知道收货的时间相对要长一些。客户为了吃到纯天然的商品，一般也会愿意等待。但如果店铺不进行告知，则可能会严重影响客户的购物体验，即便商品再好，客户也可能会尝试寻找替代的商品。图 6-6 所示为物流时间过长导致客户给予的差评。

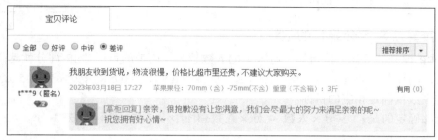

图 6-6　物流时间过长导致客户给予的差评

（2）发货检查。对于已经拍下的商品，并不能直接发货，而是应该仔细检查，确保商品没有质量问题后再发货。图 6-7 所示为由于发货前没有仔细检查商品，导致客户收到有质量问题的商品。即使该店铺通过售后服务为客户解决了问题，但仍然影响了该客户的购物体验。

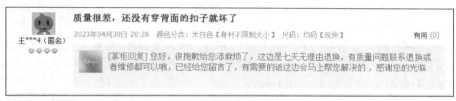

图 6-7　客户反映收到有质量问题的商品

（3）商品包装。即便发货前对商品进行了检查，也不能放松警惕。如果商品的包装不够理想，同样有可能影响商品质量。即便不会对商品造成影响，但好的包装会让客户感到心情愉悦，差的包装则会影响客户收货的心情。例如，当客户拆开商品包装时，T 恤被揉成一团装在一个旧塑料袋中，那么客户可能会给予商品包装较低的评分。相反，如果 T 恤被整齐折叠，放置在一个整洁的包装袋中，客户的购物体验就会较好。

四、DSR 评分的计算与数据化分析

DSR 评分有一定的计算方法，理解了它的计算方法，就能明白 DSR 评分的来源，并由此推算出如何获得既定 DSR 评分。

（一）DSR 评分基本计算方法

DSR 评分指标主要包括宝贝与描述相符、卖家的服务态度、物流服务的质量。而客户在参与某商品的评价时，也会针对这 3 项指标进行打分。DSR 评分的具体计算方法为：将店铺连续 6 个月内客户给予的评分总和与该时期内的总评分人数相除，得到最终的评价结果。例如，"宝贝与描述相符"这个指标最近 6 个月内一共有 100 个客户参与评分，每个客户只参与了 1 次，其中评 5 分的有 92 人、评 4 分的有 5 人、评 3 分的有 1 人、评 2 分的有 1 人、评 1 分的有 1 人，因此"宝贝与描述相符"指标的平均分=（5×92+4×5+3×1+2×1+1×1）÷100=4.86（分），DSR 动态评分最终显示为"4.8"。

> **提示**
>
> 需要注意的是，交易成功后的 15 天内，客户可本着自愿的原则就店铺服务进行评分，评分一旦给出就无法修改。在每个自然月中，对于相同的买卖双方进行的交易，DSR 评分仅取前 3 次交易成功后客户给出的店铺评分数据。

（二）推算所需 5 分好评的数量

根据 DSR 评分的计算方法可知，打 5 分的人数越多，店铺的目标 DSR 评分就越高，因此，要想获得较高的评分，店铺可以根据目标需求，反推出达到目标 DSR 评分需要的 5 分好评数量，然后根据这个数量确定相应的目标。

首先能够确定的是，（5 分×人数+4 分×人数+3 分×人数+2 分×人数+1 分×人数）÷总人数的结果就是某指标的评分。

那么，目标 DSR 评分的计算公式就应该是：目标 DSR=［5 分×（需求量+人数）+4 分×人数+3 分×人数+2 分×人数+1 分×人数］÷（需求量+总人数）。其中，需求量代表达到目标 DSR 评分时需要的 5 分好评数量。

最终，就可以得到需求量的计算公式：

需求量=［（目标 DSR×总人数）-（5 分×人数+4 分×人数+3 分×人数+2 分×人数+1 分×人数）］÷（5-目标 DSR）

如果将各种评分的人数替换为总人数与对应评分人数占比的积，那么上述计算公式可以写为：

需求量=总人数×［目标 DSR-（5 分×人数占比+4 分×人数占比+3 分×人数占比+2 分×人数占比+1 分×人数占比）］÷（5-目标 DSR）

假设某女装店铺半年内动态评分如图 6-8 所示，该店铺想在短期内将"宝贝与描述相符"这个指标的评分提升至同行业平均水平，试计算在其他条件不变的情况下需要多少个 5 分好评才能达到这个数值。

图 6-8　某女装店铺半年内动态评分

由图 6-8 所示的评分数据可计算出"宝贝与描述相符"指标各评分的具体人数，计算公式为：各评分具体人数=评分总人数×各评分人数占比，最终计算结果如表 6-2 所示。

表 6-2　　　　　　　某女装店铺"宝贝与描述相符"指标评分人数

"宝贝与描述相符"指标评分	评分人数/个
评价 5 分	24 276
评价 4 分	1 618
评价 3 分	536
评价 2 分	115
评价 1 分	250

接下来，计算该店铺当前"宝贝与描述相符"指标的评分，以及该指标的同行业平均水平，将同行业平均水平作为目标 DSR，按公式"需求量=总人数×［目标 DSR-（5 分×人数占比+4 分×人数占比+3 分×人数占比+2 分×人数占比+1 分×人数占比）］÷（5-目标 DSR）"计算 5 分好评的需求量。

（1）计算"宝贝与描述相符"指标的评分。"宝贝与描述相符"指标的评分=（5×24 276+4×1 618+3×536+2×115+1×250）÷26 795≈4.849。

（2）计算同行业平均水平。该指标同行业平均水平=4.849÷（1-0.94%）≈4.895。

（3）计算 5 分好评的需求量。需求量=26 795×［4.895-（5×90.60%+4×6.04%+3×2.00%+2×0.43%+1×0.94%）］÷（5-4.895）=11 586。

由上可知，该店铺"宝贝与描述相符"的评分要想达到同行业平均水平，在其他条件不变的情况下，店铺还需要连续获得 11 586 个 5 分好评。

计算出 5 分好评的需求量后，可以根据该数值大小制定实施方案。如果 5 分好评需求量较小，则可重点改善商品详情页内容和服务质量，引导客户给出 5 分好评；如果需要大量 5 分好评，则可以参加平台的某些活动，如淘宝的天天特卖、聚划算等，通过低价提高销量，并通过良好的服务换来大量的 5 分好评。

（三）数据化分析 DSR 评分

店铺 DSR 评分的高低对店铺的销售额、口碑等有着直接的影响，因此有必要对其进行优化。一般可以从店铺的正负面评价数据和 DSR 评分变化两方面进行分析，找到 DSR 评分的问题所在，并进行有针对性的优化。

（1）正负面评价数据。

分析正负面评价数据之前，首先要采集数据（可在生意参谋的"服务"模块中采集），然后将采集到的数据汇总成表格，如表 6-3 和表 6-4 所示。为了直观地分析数据，可利用 Excel 的图表功能将数据进行可视化显示，如图 6-9 所示。

表 6-3　　　　　　　　　　　　　评价汇总

项目	近 30 天	近 7 天
正面评价	23 394 个	365 个
负面评价	3 913 个	720 个
全部评价	27 307 个	1 085 个
正面评价占比	85.67%	33.64%

表 6-4　　　　　　　　　　　　　主要分类评价汇总

主要分类	正面评价/个	负面评价/个	分类汇总/个	负面评价分类占比	负面评价合计占比
商品质量	17 386	2 301	19 687	11.69%	58.80%
客服态度	2 356	1 156	3 512	32.92%	29.54%
物流服务	3 652	456	4 108	11.10%	11.65%
合计数	23 394	3 913	27 307	14.33%	—

从表 6-3 可以看出近 30 天，大多数客户给予了正面评价，占比超过了 85%，但负面评价

也不少，需要结合表6-4和图6-9中的数据对负面评价做具体分析，以便后续避免负面评价的产生。

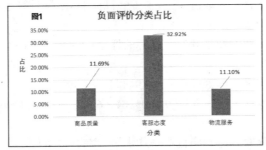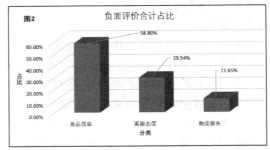

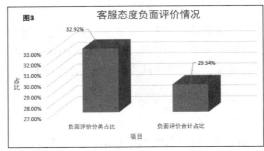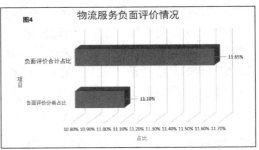

图6-9　可视化正负面评价数据

① 商品质量评价数据化分析。由图6-9图1可知，商品质量分类的负面评价在主要分类的总评价占比较低，但在所有分类的负面评价合计占比（见图6-9图2）过半，这反映出店铺大部分客户较关注商品质量问题，应重点改善。针对数据化分析结果，店铺可以找出近半年内获得差评数最多的商品，寻找原因，若商品存在尺码不准、有色差等问题，店铺便可对商品或详情页做出优化。

② 客服态度评价数据化分析。在负面评价分类占比中，客服态度的负面评价分类占比（见图6-9图3）为32.92%，由此可见客服态度导致负面评价较多。针对此情况，店铺可找到中、差评反馈的订单，查询聊天记录，分析出现差评的具体原因，如响应速度慢、回复不及时、回复不专业等，然后向相关客户致歉，并就相关客服人员展开进一步培训。

③ 物流服务评价数据化分析。物流服务的负面评价（见图6-9图4）对店铺的影响是比较大的，需要找到负面评价反馈订单。如果订单分布比较平均，说明整体发货时长较长或快递服务较差；针对预售商品，店铺要提前计算实际发货时间；针对现货商品，店铺需要尽快发货。

（2）DSR评分变化。

淘宝DSR评分每天都会更新，如果DSR评分数据没有变化，则表示没有新增评分。对店铺来说，要随时关注自身店铺的DSR评分，一旦出现DSR评分下降的情况，店铺就要及时采取措施，提高店铺的DSR评分。

例如，某咖啡旗舰店在6月中旬对店铺赠品做出了调整，在6月末对这半个月的DSR评分进行了统计，并制作了变化趋势图，如图6-10所示。由图6-10可知，店铺DSR评分在6月20日波动较大，6月20日评分下降的原因是一大部分高分评价超过半年，而DSR评分考核时间是半年，造成暂时性评分下降；再结合赠品的调整，客户对新的赠品不太适应，导致评分暂时不高，客户适应后，评分又不断上涨。

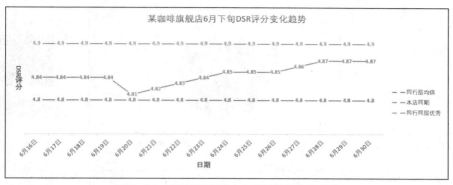

扫码看彩色图

图 6-10　某咖啡旗舰店 DSR 评分变化趋势

> **提示**
> DSR 评分出现异常的情况基本发生在官方大促或者店铺大型活动之后，所以在此期间店铺要做好 DSR 评分下降的预防工作。首先要提前做好客服培训，并准备好数量足够的客服人员，然后针对可能出现的问题做好风险预案。

任务实施

任务演练：分析 KK 旗舰店评价数据

【任务目标】

查看 KK 旗舰店评价数据，特别是图表数据，并分析店铺的正负面评价数据，以找出店铺 DSR 评分下降的原因。

【任务要求】

本次任务的具体要求如表 6-5 所示。

表 6-5　　　　　　　　　　　　　　　任务要求

任务编号	任务名称	任务指导
（1）	查看提供的数据	观察提供的数据图表，大致了解 KK 旗舰店的 DSR 评分情况
（2）	分析评价数据	依次分析正面评价占比、评价分类占比、负面评价汇总占比、正负面评价等数据，从中分析找出影响 DSR 评分下降的原因
（3）	制定优化策略	针对商品质量和物流服务问题制定优化策略

【操作过程】

（1）查看提供的数据。图 6-11 所示为 KK 旗舰店正面评价占比数据，其中包括近 30 天、近 7 天和昨天的数据分布情况。图 6-12 所示为 KK 旗舰店评价分类占比数据，包括 KK 咖啡旗舰店的商品质量、客服态度、物流服务 3 个方面的内容；图 6-13 所示为 KK 旗舰店负面评价汇总占比数据；图 6-14 所示为 KK 旗舰店正负面评价数据。

（2）分析正面评价占比数据。从图 6-11 中可看出，KK 旗舰店近 30 天正面评价高达 88.50%，处于中等评价水平，大部分客户对店铺比较满意，对于做得好的地方应当继续保持。

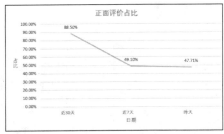

图 6-11　正面评价占比

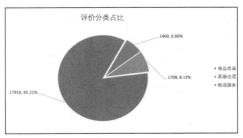

图 6-12　评价分类占比

扫码看彩色图

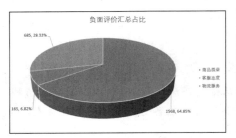

图 6-13　负面评价汇总占比

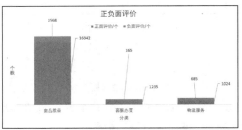

图 6-14　正负面评价

扫码看彩色图

（3）分析评价分类占比数据。从图 6-12 可以看出，商品质量类评价在总评价中占 85.21%，说明大多数客户比较在意商品质量问题，因此 KK 旗舰店一定要注意严格把控商品质量。

（4）分析负面评价汇总占比数据。从图 6-13 的负面评价汇总占比中不难发现，因商品质量导致的负面评价占所有负面评价的 64.85%，物流服务导致的负面评价占所有负面评价的 28.33%，由此可见，KK 旗舰店有 93% 左右的负面评价都是因商品质量和物流服务导致的。

（5）分析正负面评价数据。图 6-14 将 KK 旗舰店正面评价和负面评价数据进行了比较。其中，物流服务类负面评价数量最多，客服态度类负面评价数量次之，说明物流服务是导致 KK 旗舰店 DSR 评分下降的重要因素。

（6）制定优化策略。弄清楚 KK 旗舰店 DSR 评分下降的原因后，接下来就可以针对这些问题进行整改。对于物流服务问题，KK 旗舰店需要进一步细查，如果是物流公司的原因，则可更换物流公司，选择口碑更好的物流公司；如果是自身发货速度较慢、包装不当，则需要尽快发货、改进包装。对于商品质量问题，KK 旗舰店首先要保证货源正规且质量过硬，其次要做到实物与图片描述相符，不要夸大商品功效，也不要过度美化商品；除此之外，店铺还要在商品详情页中提供详细的尺寸说明，并写明由于光线等原因造成实物和图片有轻微色差。

任务二　店铺客户服务与物流服务数据分析

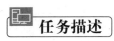 **任务描述**

完成 KK 旗舰店的评价数据分析工作后，小赵还需要进一步对店铺的客户服务数据和物流服务数据进行分析，帮助店铺科学管理客户服务和物流服务信息。小赵明确任务内容后，便填写了本次的任务单（见表 6-6）。

表 6-6　　　　　　　　　　　　　　　　　　　任务单

任务名称	店铺客户服务与物流服务数据分析	
任务背景	经过有针对性的优化措施后，KK 旗舰店的 DSR 评分有所提高，但物流服务和客户服务这两项指标的评分还是低于同行业平均水平，因此，KK 旗舰店希望通过分析客户服务与物流服务数据，优化服务，从而进一步巩固与客户的关系，提高 DSR 评分。	
任务类别	□采集数据　■处理数据　■分析数据　□制订报告/计划	
所需素材	配套资源：\素材文件\项目六\任务二\KK 旗舰店客户服务数据.xlsx、KK 旗舰店物流数据汇总.xlsx	
工作任务		
任务内容	任务说明	
任务演练 1：分析 KK 旗舰店客户服务数据	① 分析咨询转化率数据 ② 分析支付率数据	
任务演练 2：分析 KK 旗舰店物流服务数据	① 利用分类汇总和图表直观展示表格数据 ② 分析订单时效和物流工作量	
任务总结：		

一、客户服务数据分析

客户服务是衔接客户与店铺的纽带，良好的客户服务能有效提高转化率，反之则会造成客户流失。另外，客户服务也能起到维护客户群体、主导评论动向、提升客户购物体验等作用。对店铺而言，有必要做好客户服务，并利用数据分析客户服务。

客户服务是指客户服务人员向客户提供服务所采取的系列措施，包括售前服务、售中服务和售后服务。考核客户服务的常用指标包括咨询转化率、响应时间、支付率、落实客单价以及月退货率等。

（一）咨询转化率

咨询转化率是指所有咨询客户服务人员并产生购买行为的人数与咨询总人数的比值。咨询转化率在很大程度上会影响整个店铺的销售额。咨询转化率是客户服务的重要考核指标之一，直接反映了客户服务人员与客户沟通的效果。实际工作中可以利用咨询成交人数和咨询总人数建立这个指标的评分标准，如表 6-7 所示。

表 6-7　　　　　　　　　　　　　　　　咨询转化率评分标准

指标	权重	计算公式	评分标准	分值
咨询转化率（X）	30%	咨询转化率=咨询成交人数÷咨询总人数×100%	$X \geqslant 50\%$	100
			$45\% \leqslant X < 50\%$	80
			$40\% \leqslant X < 45\%$	60
			$35\% \leqslant X < 40\%$	40
			$30\% \leqslant X < 35\%$	20
			$X < 30\%$	0

按照表 6-7 所示的评分标准，在生意参谋采集到各客服的咨询成交人数与咨询总人数的数据后，就能计算出对应的 KPI 考核结果，如表 6-8 所示。

表 6-8　　　　　　　　　　客服咨询转化率考核结果

客服	咨询成交人数	咨询总人数	咨询转化率	权重得分
甲客服	88	248	35.48%	12
乙客服	153	302	50.66%	30
丙客服	122	295	41.36%	18
丁客服	134	408	32.84%	6

由表 6-8 可知，就咨询转化率而言，乙客服与丙客服做得更好，咨询转化率分别达到了 50%、40% 以上，权重得分分别为 30 分和 18 分。丁客服的咨询总人数最多，但转化效果并不理想，可以调取聊天记录，查看沟通方法、技巧、话术等是否存在不足。甲客服的咨询转化率为 35% 左右，咨询总人数最少，咨询成交人数也最少，需要进行专业方面的培训，提升客户服务水平。

> ⏰ 提示
>
> 店铺由于经营商品和理念的不同，在客服考核指标的权重分配上也会有所不同，这里统一将咨询转化率权重设置为"30%"、响应时间权重设置为"15%"、支付率权重设置为"25%"、落实客单价权重设置为"20%"、月退货率权重设置为"10%"。

（二）响应时间

响应时间指的是客户询问后，客服回复花费的时间。一般情况下，客服的响应时间在 15 秒以内属于正常水平；超过 15 秒，就会影响客户的购物体验。响应时间又可以分为首次响应时间和平均响应时间。首次响应时间应严格控制在 15 秒以内，否则客户极有可能流失到竞争对手的店铺。根据店铺经营商品的具体情况，对首次响应时间和平均响应时间建立评分标准，如表 6-9 所示。

表 6-9　　　　　　　　　　响应时间评分标准

指标	权重	评分标准	分值
首次响应时间（ST）	10%	ST≤10 秒	100
		10 秒 < ST≤15 秒	80
		15 秒 < ST≤20 秒	60
		20 秒 < ST≤25 秒	40
		25 秒 < ST≤30 秒	20
		ST>30 秒	0
平均响应时间（PT）	5%	PT≤20 秒	100
		20 秒 < PT≤25 秒	80
		25 秒 < PT≤30 秒	60
		30 秒 < PT≤40 秒	40
		40 秒 < PT≤50 秒	20
		PT>50 秒	0

按照表 6-9 所示的评分标准，在生意参谋采集到各客服的相应指标数据后，就能计算出对应

的 KPI 考核结果，如表 6-10 所示。

表 6-10　　　　　　　　　客服响应时间考核结果

客服人员	首次响应时间/秒	分值 1	权重得分 1	平均响应时间/秒	分值 2	权重得分 2	权重总得分
甲客服	8	100	10	15	100	5	15
乙客服	12	80	8	20	100	5	13
丙客服	10	100	10	12	100	5	15
丁客服	16	60	6	21	80	4	10

由表 6-10 可知，甲客服与丙客服的响应时间考核数据最高，但就首次响应时间来看，甲客服做得更好，能够更快地与客户沟通交流；丙客服在平均响应时间方面做得更为优秀，客户跳失的概率比甲客服更小。乙客服平均响应时间处于中等水平，但首次响应时间过慢，容易丢失客户。丁客服在两个方面都有待提高，特别是首次响应时间，是这几名客服中最慢的。

（三）支付率

支付率是成交量与下单量的比值，它能够反映店铺的营收情况，也能在一定程度上体现客服的工作效果。店铺可以通过生意参谋采集各客服的成交量与下单量建立这个指标的评分标准，如表 6-11 所示。

表 6-11　　　　　　　　　支付率评分标准

指标	权重	计算公式	评分标准	分值
支付率（F）	25%	支付率=成交量÷下单量×100%	$F \geqslant 90\%$	100
			$85\% \leqslant F < 90\%$	80
			$80\% \leqslant F < 85\%$	60
			$75\% \leqslant F < 80\%$	40
			$70\% \leqslant F < 75\%$	20
			$F < 70\%$	0

按照表 6-11 所示的评分标准，采集到各客服的成交量与下单量后，就能计算出对应的 KPI 考核结果，如表 6-12 所示。

表 6-12　　　　　　　　　客服支付率考核结果

客服	成交量/笔	下单量/笔	支付率	权重得分
甲客服	208	230	90.43%	25
乙客服	166	192	86.46%	20
丙客服	146	160	91.25%	25
丁客服	158	180	87.78%	20

由表 6-12 可知，所有客服的支付率都较高，其中甲客服和丙客服的支付率相对更高，超过90%；乙客服与丁客服的支付率低一些，低于 90%，可以适当提升这两名客服的服务水平。

（四）落实客单价

落实客单价是指在一定周期内，客服客单价与店铺客单价的比值，该指标反映了客服的催付水平。店铺以客服客单价与店铺客单价为数据来源，建立这个指标的评分标准，如表 6-13 所示。

表 6-13　　　　　　　　　　　　落实客单价评分标准

指标	权重	计算公式	评分标准	分值
落实客单价 （Y）	20%	落实客单价=客服客单价÷店铺客单价	$Y \geqslant 1.5$	100
			$1.4 \leqslant Y < 1.5$	80
			$1.3 \leqslant Y < 1.4$	60
			$1.2 \leqslant Y < 1.3$	40
			$1.1 \leqslant Y < 1.2$	20
			$Y < 1.1$	0

按表 6-13 所示的评分标准，采集到各客服落实客单价和店铺客单价数据后，就能计算出对应的 KPI 考核结果，如表 6-14 所示。

表 6-14　　　　　　　　　　　　客服落实客单价考核结果

客服	客服客单价/元	店铺客单价/元	落实客单价	得分	权重得分
甲客服	128.8	80	1.61	100	20
乙客服	98	80	1.225	40	8
丙客服	108	80	1.35	60	12
丁客服	122	80	1.525	100	20

落实客单价直接影响店铺的交易金额，因此权重分配较高，这就使得各客服的权重得分有了不小的差距。根据表 6-14 所示的数据，可以看出，甲客服和丁客服在落实客单价方面取得了满分，丙客服次之，乙客服相对最差，后两者的服务水平有待进一步提升。

（五）月退货率

月退货率可以反映出客服的售后水平，月退货率越低，说明客户的服务质量和效率越高。当然，前提是店铺所售商品并未出现严重的质量问题，否则退货率过大与客服的服务并没有直接关系。店铺同样可以根据客服本月的月退货量和月成交量为月退货率建立评分标准，如表 6-15 所示。

表 6-15　　　　　　　　　　　　月退货率评分标准

指标	权重	计算公式	评分标准	分值
月退货率 （RG）	10%	月退货率=月退货量÷月成交量×100%	$RG \leqslant 2\%$	100
			$2\% < RG \leqslant 3\%$	80
			$3\% < RG \leqslant 4\%$	60
			$4\% < RG \leqslant 5\%$	40
			$5\% < RG \leqslant 6\%$	20
			$RG > 6\%$	0

按表 6-15 所示的评分标准，在生意参谋采集各客服的月退货量和月成交量数据后，就能计算出对应的 KPI 考核结果，如表 6-16 所示。

表6-16 客服月退货率考核结果

客服	月退货量/笔	月成交量/笔	月退货率	得分	权重得分
甲客服	12	208	5.77%	20	2
乙客服	20	469	4.26%	40	4
丙客服	4	156	2.56%	80	8
丁客服	8	435	1.84%	100	10

由表6-16可知，这4名客服中，丁客服的月成交量较多，月退货量较少，因此月退货率最低；乙客服的月成交量虽然是最多的，但月退货量也最多，因此月退货率较高；甲客服的月退货率最高，208件成交商品中有12件商品退货，权重得分最低；丙客服的月退货量最少，只有4件，但月成交量也最少，还有待提高。

最后分别将4名客服各项指标的KPI考核结果相加，得到最终考核结果，如表6-17所示。

表6-17 客服人员KPI考核最终结果

考核指标	甲客服	乙客服	丙客服	丁客服
咨询转化率	12	30	18	6
平均响应时间	5	5	5	4
首次响应时间	10	8	10	6
支付率	25	20	25	20
落实客单价	20	8	12	20
月退货率	2	4	8	10
得分	74	75	78	66

素养小课堂

客服人员不仅要有过硬的专业知识和良好的服务态度，还要有较好的心理素质，尤其是要做好个人的情绪管理，懂得什么该做、什么不该做，以专业态度面对客户。

二、物流服务数据分析

由DSR评分的组成可知，物流服务在DSR评分中占据重要地位，因此，店铺要想保持或高于同行业的平均物流服务水平，对物流服务数据的分析是必不可少的。通过分析物流服务数据，可以有效追踪物流订单，监控订单时效，以及诊断异常物流等，从而避免店铺因物流服务造成客户投诉、客户流失等问题。

一般来说，物流服务数据分析主要包括订单时效分析和异常物流分析两类。

（一）订单时效分析

订单时效是指客户从完成订单支付开始，到商品签收的时间跨度，即支付-签收时长。而订单时效分析的目的是通过数据分析找出影响订单时效的因素，了解不同物流公司之间的差距，从而有针对性地优化流程，提升客户的物流体验，实现店铺、客户、平台和物流公司的共赢。一般情况下，订单时效分析的指标主要包括以下4个。

（1）平均发货-揽收时长。平均发货-揽收时长是指从商品发货到物流公司揽收的平均时间。

（2）平均揽收–签收时长。平均揽收–签收时长是指从物流公司揽收到客户签收订单的平均时间。

（3）揽收包裹数。揽收包裹数是指物流公司从店铺处揽收的包裹数量。

（4）签收成功率。签收成功率是指客户签收成功包裹数量占总派送包裹数量的比例，用公式表示为：签收成功率=客户签收成功包裹数量÷（签收成功包裹数量+拒签包裹数量）。

店铺可在生意参谋的"物流"模块中采集上述4项指标的相关数据，然后选择不同的物流公司对比查看数据，将数据下载到Excel中，并预处理数据，效果如图6-15所示。就平均发货–揽收时长而言，甲物流公司在各地区的平均发货–揽收时长均低于乙物流公司。就平均揽收–签收时长而言，数据不直观，因此将其可视化，如图6-16所示，由该图可知，甲物流公司的平均揽收–签收时长要低于乙物流公司，因此在不考虑运费的情况下，可以优先选择甲物流公司。

物流公司	收货地	揽收包裹数/件	平均发货-揽收时长/小时	平均揽收-签收时长/小时	签收成功率	物流差评率
乙物流公司	广东省	1253	4.93	45.8	100%	0%
乙物流公司	福建省	685	5.63	50.23	100%	0%
乙物流公司	四川省	364	4.2	41.5	100%	0%
乙物流公司	江苏省	532	3.2	44.35	100%	0%
乙物流公司	吉林省	456	2.35	40.32	100%	0%
乙物流公司	河北省	234	1.25	40.32	100%	0%
乙物流公司	上海市	985	3.25	39.65	95%	0%
乙物流公司	浙江省	687	4.3	40.35	100%	0%
乙物流公司	山西省	253	6.35	44.35	100%	0%
甲物流公司	广东省	2350	1.25	38.65	100%	0%
甲物流公司	福建省	654	2.35	33.68	100%	0%
甲物流公司	四川省	562	1.45	40.35	100%	0%
甲物流公司	江苏省	850	1.63	41.2	100%	0%
甲物流公司	吉林省	653	2.03	33.6	100%	0%
甲物流公司	河北省	352	1.2	40.2	100%	0%
甲物流公司	上海市	985	0.65	41.52	100%	0%
甲物流公司	浙江省	352	3.2	39.6	90%	0%

图6-15　处理后的订单时效数据表

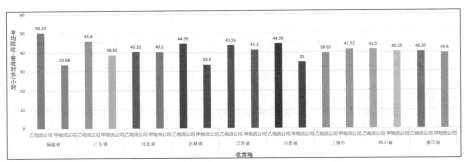

图6-16　乙物流公司、甲物流公司"平均揽收–签收时长"对比

（二）异常物流分析

异常物流一般是指客户购买的商品在运输或者投递过程中出现问题，包括发货异常、揽收异常、派送异常以及签收异常等，如表6-18所示。需要注意的是，不同平台对异常物流的划分维度及标准不同，表6-18所示内容仅供参考。

表6-18　　　　　　　　　　　　　　　　　异常物流分析

异常物流分类	具体内容	主要原因
发货异常	客户下单并完成支付后，店铺未在规定时间（如24小时内）发货	① 出货量大，不能及时发货 ② 缺货 ③ 订单被遗忘等
揽收异常	发货后超过24小时仍未揽收	① 订单的物流信息未及时上传 ② 物流公司还未上门取件

续表

异常物流分类	具体内容	主要原因
派送异常	物流公司在派送包裹的过程中未及时将商品送到指定地方	① 客户收件地址错误或不清楚 ② 客户不在家、商品错发等
签收异常	当日派件，但在次日仍未签收	① 客户未及时签收，或签字错误等 ② 商品被签收，但客户未收到

图 6-17 所示为某男装店铺的异常物流数据统计，下面对其异常物流数据进行分析。

	B	C	D	E	F	G
51	订单编号	会员名称	订单创建时间	物流公司	订单号	物流异常原因
52	36758****01	成绩不是最***	2023/5/22 17:00	甲物流公司	1900439****82	物流停滞超48小时
53	36758****02	**一个坑	2023/5/13 9:45	甲物流公司	1900439****83	物流停滞超48小时
54	36758****03	HELLO***	2023/5/22 19:00	-	-	超48小时未发货
55	36758****04	疯狂的***	2023/5/22 20:00	-	-	超48小时未发货
56	36758****05	小宇的****	2023/5/22 21:00	甲物流公司	1900439****86	超48小时未发货
57	36758****06	一个蓝钻***	2023/5/22 22:00	甲物流公司	1900439****87	超48小时未发货
58	36758****07	蓝色钻***	2023/5/23 16:00	甲物流公司	1900439****98	超48小时未发货
59	36758****08	一只会飞****	2023/5/22 16:05	甲物流公司	1900439****86	超72小时揽件
60	36758****09	天意078****	2023/5/22 16:05	甲物流公司	1900439****87	超24小时揽件
61	36758****10	名字是****天下	2023/5/24 9:05	-	1900439****98	超72小时揽件
62	36758****11	一品****天下	2023/5/23 16:05	-	1900439****86	超48小时签收

图 6-17　某男装店铺的异常物流数据统计

（1）异常物流数据分类。根据各订单显示的物流异常原因，利用 Excel 中的 IF 函数对其按发货异常、揽收异常、派送异常和签收异常分类，如图 6-18 所示。IF 函数的逻辑条件为：当物流异常原因为"超 72 小时揽件"或"超 24 小时揽件"，显示为"揽收异常"；当物流异常原因为"超 48 小时未发货"，显示为"发货异常"；当物流异常原因为"物流停滞超 48 小时"，显示为"派送异常"；当物流异常原因为"超 48 小时签收"，显示为"签收异常"。

H52			fx	=IF(OR(G52="超72小时揽件",G52="超24小时揽件"),"揽收异常",IF(G52="超48小时未发货","发货异常",IF(G52="物流停滞超48小时","派送异常",IF(G52="超48小时签收","签收异常"))))			

	B	C	D	E	F	G	H
51	订单编号	会员名称	订单创建时间	物流公司	订单号	物流异常原因	异常物流分类
52	36758****01	成绩不是最***	2023/5/22 17:00	甲物流公司	1900439****82	物流停滞超48小时	派送异常
53	36758****02	**一个坑	2023/5/13 9:45	甲物流公司	1900439****83	物流停滞超48小时	派送异常
54	36758****03	HELLO***	2023/5/22 19:00	-	-	超48小时未发货	发货异常
55	36758****04	疯狂的***	2023/5/22 20:00	-	-	超48小时未发货	发货异常
56	36758****05	小宇的****	2023/5/22 21:00	甲物流公司	1900439****86	超48小时未发货	发货异常
57	36758****06	一个蓝钻***	2023/5/22 22:00	甲物流公司	1900439****87	超48小时未发货	发货异常
58	36758****07	蓝色钻***	2023/5/23 16:00	甲物流公司	1900439****98	超48小时未发货	发货异常
59	36758****08	一只会飞****	2023/5/22 16:05	甲物流公司	1900439****86	超72小时揽件	揽收异常
60	36758****09	天意078****	2023/5/22 16:05	甲物流公司	1900439****87	超24小时揽件	揽收异常
61	36758****10	名字是****天下	2023/5/24 9:05	-	1900439****98	超72小时揽件	揽收异常
62	36758****11	一品****天下	2023/5/23 16:05	-	1900439****86	超48小时签收	签收异常

图 6-18　异常物流数据分类

（2）异常物流数据分类汇总。使用数据透视表统计出各类异常物流的订单数，并以百分比展示，效果如图 6-19 所示。利用数据透视表创建数据透视图，将统计结果直观地展示出来，便于分析，效果如图 6-20 所示。

（3）数据分析。从图 6-20 中可知，异常物流主要有发货异常、揽收异常。发货异常属于店铺内部原因，应先确认是店铺活动量大造成的发货延缓，还是库存不足、订单遗漏等造成的，然后及早与客户沟通，说明原因，并找出解决方案；揽收异常主要发生在物流公司，店铺要与物流公司积极沟通，询问原因并进行催促，如有必要，可以考虑更换合作的物流公司。

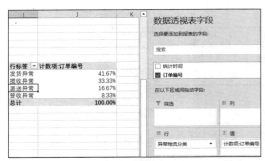

图 6-19　统计各类异常物流的订单数

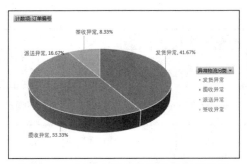

图 6-20　创建各类异常物流数据透视图

三、物流数据控制指标

物流数据控制指标通常是指官方针对店铺的部分物流指标确定的标准范围，低于最低标准或超过最高标准都会对店铺产生一定的影响，平台会对店铺进行警告或处罚。常用的物流数据控制指标有妥投率、物流总成本、商品周转天数、发货差错率、物流及时率以及订单完成周期等。

（一）妥投率

妥投率是指在物流公司派送过程中，包裹派送成功的比率，一般要求达到 90%以上，是考核物流的重要指标，其计算公式为：

$$妥投率＝成功派送件数÷总投递件数×100\%$$

妥投率一般以月为单位进行统计。例如，某店铺合作的甲物流公司 7 月份为店铺派送的包裹数为 100 件，其中有 2 件因物流原因造成延期到达，有 1 件在物流运输途中丢失，还有 1 件投送给客户时发现破损，那么，7 月份甲物流公司的妥投率为 96%，即 7 月份妥投率=(100-2-1-1)÷100×100%=96%。

（二）物流总成本

物流总成本是指店铺在物流活动中所产生的各项费用。对于电商店铺而言，物流总成本主要包括库存控制成本、运输成本、配送成本、包装成本以及人工成本等。在不降低服务水平的前提下，降低物流总成本是店铺的一项重要经营目标，通常应控制在 12%以内。

（三）商品周转天数

商品周转天数是指商品从进库到销售出去的平均天数，一般要求低于 45 天。商品周转天数是反映商品周转快慢程度的重要指标，商品周转天数越短，表明商品销售情况越好。

（四）发货差错率

发货差错率是指在一定周期内因人为过失导致的发出商品数量、颜色、款式等错误，或者到货地点等错误发生的订单笔数占总发货订单笔数的比例。用公式表示如下。

$$发货差错率＝发货差错累计笔数÷发货累计总笔数×100\%$$

发货差错率不能过高，一般控制在 0.002%以内。

（五）物流及时率

物流及时率是衡量店铺物流派送服务是否满足客户需求的重要指标，一般要控制在 85%以上，从包裹到达目的城市后开始计算，通常为到达后 2 天内将包裹送到客户手中。

（六）订单完成周期

订单完成周期是指从客户提交订单起至客户签收订单止所需的时间总和。某电商平台内部数据显示，订单完成周期超过 48 小时后，平均每过 4 小时，客户签收率会下降 4%，因此店铺将订单完成周期设定为 48 小时为宜。

素养小课堂

店铺的物流数据控制指标有相应的指标范围控制，才能把控每个店铺的质量等级，商家也能根据指标高低合理地规划和经营店铺。控制指标是检查和衡量实际工作的依据，商家一定要严格遵守，并按高标准执行。

任务实施

任务演练 1：分析 KK 旗舰店客户服务数据

【任务目标】

根据咨询转化率评分标准（见表 6-7）和支付率评分标准（见表 6-11），分析 KK 旗舰店中 3 名客服近 7 天的服务数据，评估这 3 名客服的服务质量。

【任务要求】

本次任务的具体要求如表 6-19 所示。

表 6-19　　　　　　　　　　　　　　任务要求

任务编号	任务名称	任务指导
（1）	分析咨询转化率数据	根据评分标准计算权重得分，然后根据权重得分判断客服对店铺的贡献程度
（2）	分析支付率数据	根据评分标准计算权重得分，然后根据权重得分判断客服服务水平

【操作过程】

（1）计算咨询转化率和权重得分。打开"KK 旗舰店服务数据.xlsx"工作簿，在"咨询转化率"工作表中选择 D12:D14 单元格区域，然后在编辑栏中输入公式"=B12/C12"，最后按【Ctrl+Enter】组合键，计算出 3 名客服的咨询转化率。根据"咨询转化率评分标准"，因为甲客服和丙客服的咨询转化率均大于 50%，所以对应的分值为 100，故权重得分为 30，即 100×30%；而乙客服的咨询转化率为 43.40%，在 40% 和 45% 之间，所以对应的分值为 60，故权重得分为 18，即 60×30%。计算结果如图 6-21 所示。

微课视频

分析 KK 旗舰店
客户服务数据

图 6-21　计算咨询转化率和权重得分

（2）分析咨询转化率数据。从 3 名客服的咨询转化率考核结果可知，甲客服和丙客服的咨询转化率很高，对店铺的贡献较大。而乙客服的咨询转化率较低，需要提高，如巩固商品知识、提高沟通技巧、制定个性化的客户服务策略等。

（3）计算支付率和权重得分。切换到“支付率”工作表，选择 D12:D14 单元格区域，然后在编辑栏中输入公式“=B12/C12”，最后按【Ctrl+Enter】组合键，计算出 3 名客服的支付率。根据“支付率评分标准”，因为甲客服的支付率为 90%，所以对应的分值为 100，故权重得分为 25，即 100 × 25%；而乙客服的咨询转化率为 83.21%，在 80%和 85%之间，所以对应的分值为 60，故权重得分为 15，即 60 × 25%；丙客服的咨询转化率为 86.67%，在 85%和 90%之间，所以对应的分值为 80，故权重得分为 20，即 80 × 25%。计算结果如图 6-22 所示（配套资源：\效果文件\项目六\任务二\KK 旗舰店客户服务数据.xlsx）。

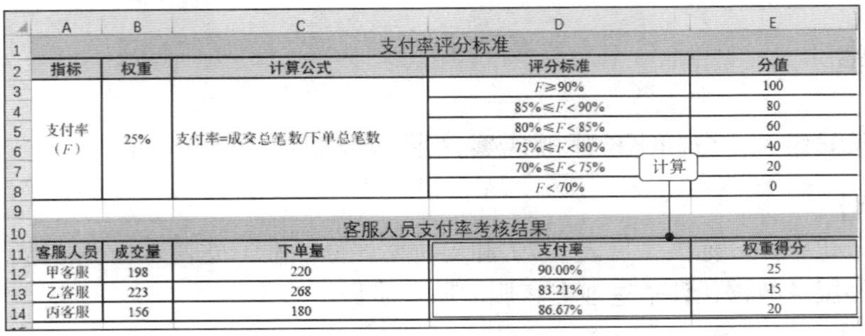

	A	B	C	D	E
1	支付率评分标准				
2	指标	权重	计算公式	评分标准	分值
3	支付率（F）	25%	支付率=成交总笔数/下单总笔数	$F \geqslant 90\%$	100
4				$85\% \leqslant F < 90\%$	80
5				$80\% \leqslant F < 85\%$	60
6				$75\% \leqslant F < 80\%$	40
7				$70\% \leqslant F < 75\%$	20
8				$F < 70\%$	0
9					
10	客服人员支付率考核结果				
11	客服人员	成交量	下单量	支付率	权重得分
12	甲客服	198	220	90.00%	25
13	乙客服	223	268	83.21%	15
14	丙客服	156	180	86.67%	20

图 6-22　计算支付率和权重得分

（4）分析支付率数据。从 3 名客服的支付率考核结果可知，甲客服的得分最高，其次是丙客服，最后是乙客服。

（5）分析综合考核结果。综上所述，3 名客服的咨询转化率和支付率综合考核结果如表 6-20 所示。由表 6-20 可知，甲客服表现最好，其次是丙客服，最后是乙客服。需要重点培训乙客服，提升其专业能力。

表 6-20　客服综合考核表

KPI 考核指标	甲客服	乙客服	丙客服
咨询转化率	30	18	30
支付率	25	15	20
权重得分	55	33	50

技能练习

尝试分析客户服务数据中的其他指标（如响应时间等），如图 6-23 所示，从而熟练掌握客户服务数据的分析方法，进而实现店铺对客服人员的科学评价和管理。

客服人员响应时间考核结果							
客服	首次响应时间	得分1	权重得分1	平均响应时间	得分2	权重得分2	权重总得分
甲客服	8	100	10	15	100	5	15
乙客服	6	100	10	25	80	4	14
丙客服	10	100	10	12	100	5	15
丁客服	12	80	8	15	100	5	13

图 6-23　响应时间数据

任务演练 2：分析 KK 旗舰店物流服务数据

【任务目标】

查看 KK 旗舰店物流服务数据，然后通过数据透视图分析揽收包裹数、平均发货–揽收时长、平均揽收–签收时长等，帮助 KK 旗舰店提升物流服务水平。

【任务要求】

本次任务的具体要求如表 6-21 所示。

表 6-21　　　　　　　　　　　　　　　任务要求

任务编号	任务名称	任务指导
（1）	直观展示表格数据	利用分类汇总和图表功能可视化展示表格中的数据
（2）	分析数据	分析店铺物流数据中的订单时效指标，如揽收包裹数、平均发货–揽收时长、平均揽收–签收时长等

【操作过程】

微课视频

分析 KK 旗舰店
物流服务数据

（1）分类汇总数据。打开"KK 旗舰店物流数据汇总.xlsx"工作簿，在"订单时效汇总"工作表中选择包含数据的任意一个单元格，然后在【数据】/【分级显示】组中单击"分类汇总"按钮▤，打开"分类汇总"对话框，在"分类字段"下拉列表中选择"物流公司"选项，在"汇总方式"下拉列表中选择"平均值"选项，在"选定汇总项"列表框中依次选中"平均发货–揽收时长/小时""平均揽收–签收时长/小时"复选框，最后单击 确定 按钮，如图 6-24 所示。

（2）直观展示数据。继续在当前工作表中选择 A1 单元格，然后在按住【Ctrl】键的同时依次单击 D1、E1、A12、D12、E12、A23、D23、E23 单元格，在【插入】/【图表】组中单击"插入柱形图或条形图"按钮▥▾，在打开的下拉列表中选择图 6-25 所示的选项。

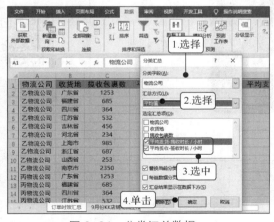

图 6-24　分类汇总数据

图 6-25　可视化展示数据

（3）美化图表。返回工作表中，将图表标题更改为"订单时效分析对比图"，然后在【图表工具 设计】/【图表布局】组中为图表添加数据标签元素，接下来在"图表样式"组中为图表应用"样式 8"效果，效果如图 6-26 所示（配套资源：\效果文件\项目六\任务二\ KK 旗舰店物流数据汇总.xlsx）。

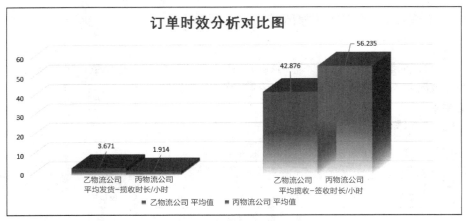

图 6-26　美化图表

（4）分析订单时效数据。由图 6-26 可知，乙物流公司的平均发货-揽收时长要高于丙物流公司，但平均揽收-签收时长低于丙物流公司，整体物流效率高于丙物流公司（3.671 + 42.876 < 1.914 + 56.235）。相对而言，KK 旗舰店选择乙物流公司作为主要物流公司会更好。

（5）分析物流工作量。切换到"9 月份 KK 旗舰店物流工作量统计"工作表，其中显示了 KK 旗舰店与行业平均值的物流效果对比情况，如图 6-27 所示。通过对比可看出 KK 旗舰店物流差评率为 0.15%，远低于行业平均值 0.40%，KK 旗舰店物流拒签率为 0.12%，低于行业平均值 0.15%；KK 旗舰店签收成功率为 99.50%，高于行业平均值 99.30%。由此可见，与 KK 旗舰店合作的物流公司在物流服务方面是相当不错的，高于行业平均水准。

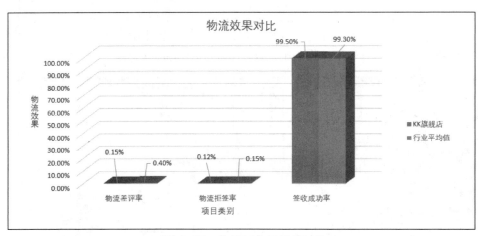

扫码看彩色图

图 6-27　物流工作量汇总对比

> 💡 **提示**
>
> 　　根据经验总结，签收时效每延后 24 小时，签收率将下降 3.8% 左右，而物流时效越快，签收率通常会越高，因此，店铺要想提高签收率，首先应提高物流的时效性。

综合实训

实训一　数据化分析店铺 DSR 评分

实训目的：通过分析店铺 DSR 评分，掌握店铺评价数据的分析方法。

实训要求：根据可视化的店铺 DSR 评分数据（配套资源：\素材文件\项目六\综合实训\实训一\DSR 评分.xlsx），分析店铺的正负面评价数据，找出影响 DSR 评分的主要因素，并制定优化策略。

实训思路：本次实训将分析店铺的正负面评价数据，然后进一步对负面评价中的"客服态度"指标进行分解，逐步分析各项指标的情况，最终找到问题所在，具体操作思路可参考图 6-28。

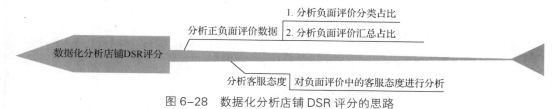

图 6-28　数据化分析店铺 DSR 评分的思路

实训结果：本次实训参考效果如图 6-29 所示。

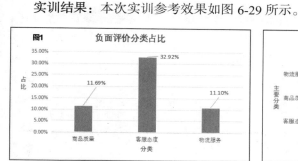
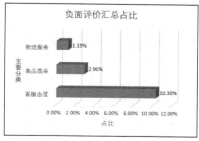

扫码看彩色图

图 6-29　实训参考效果

实训二　分析店铺的异常物流

实训目的：通过分析店铺的异常物流情况，强化物流管理能力。

实训要求：利用 Excel 正确区分不同类型的异常物流，然后分析异常物流占比。

实训思路：本次实训需要先打开素材文件"店铺异常物流数据.xlsx"（配套资源：\素材文件\项目六\综合实训\实训二\店铺异常物流数据.xlsx），然后利用 IF 函数划分出 4 种不同类型的异常物流，并利用数据透视图表直观展示异常物流占比，最后根据图表分析异常物流产生的原因，具体操作思路可参考图 6-30。

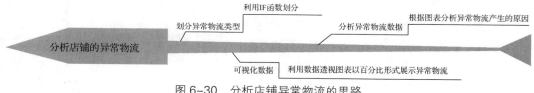

图 6-30　分析店铺异常物流的思路

实训结果：本次实训完成后的参考效果如图 6-31 所示（配套资源：\效果文件\项目六\综合实训\实训二\店铺异常物流数据.xlsx）。

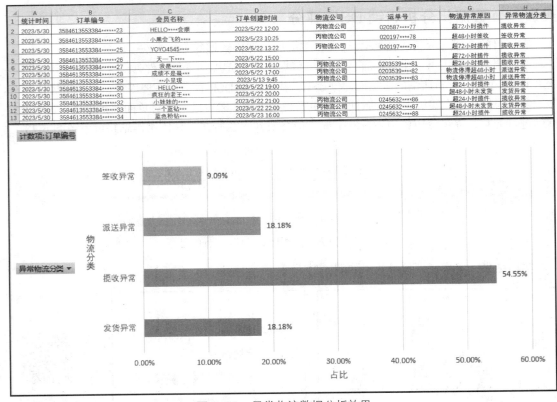

图 6-31　异常物流数据分析效果

巩固提高

1. DSR 评级系统由哪些指标组成？
2. 简述 DSR 评分对店铺的影响。
3. 如何计算店铺的 DSR 评分？
4. 简述提高 DSR 评分的方法。
5. 某店铺半年内的动态评分如图 6-32 所示。店铺想要短期内将"宝贝与描述相符"指标的 DSR 评分提高至同行业平均水平，在其他条件不变的情况下，店铺还需要多少个 5 分好评？

图 6-32　某店铺半年内的动态评分

6. 淘宝某文具店近 6 个月的 DSR 评分和同行业 DSR 平均分汇总如表 6-22 所示。试分析该文具店的评分数据，并就低评分制定优化策略。

表 6-22 某文具店近 6 个月的 DSR 评分和同行业 DSR 平均分汇总

月份	宝贝描述		卖家服务		物流服务	
	店铺评分	行业平均分	店铺评分	行业平均分	店铺评分	行业平均分
1 月	4.86	4.85	4.88	4.88	4.78	4.86
2 月	4.86	4.85	4.88	4.88	4.78	4.86
3 月	4.88	4.85	4.88	4.88	4.80	4.86
4 月	4.88	4.85	4.89	4.88	4.80	4.86
5 月	4.88	4.85	4.89	4.88	4.81	4.86
6 月	4.89	4.85	4.89	4.88	4.81	4.86

7. 某主营女装的淘宝店铺现有 4 名客服，店铺为了高效地管理整个客服团队，决定对客服的响应时间和咨询转化率指标进行考核分析，表 6-23 所示为响应时间及咨询转化率的评分标准。试根据评分标准完善表 6-24 和表 6-25。

表 6-23 响应时间及咨询转化率的评分标准

指标	权重	评分标准	分值
首次响应时间（ST）	10%	ST≤10 秒	100
		10 秒 < ST≤15 秒	80
		15 秒 < ST≤20 秒	60
		20 秒 < ST≤25 秒	40
		25 秒 < ST≤30 秒	20
		ST>30 秒	0
平均响应时间（PT）	5%	PT≤20 秒	100
		20 秒 < PT≤25 秒	80
		25 秒 < PT≤30 秒	60
		30 秒 < PT≤40 秒	40
		40 秒 < PT≤50 秒	20
		PT>50 秒	0
咨询转化率（X）	30%	$X \geqslant 50\%$	100
		$45\% \leqslant X < 50\%$	80
		$40\% \leqslant X < 45\%$	60
		$35\% \leqslant X < 40\%$	40
		$30\% \leqslant X < 35\%$	20
		$X < 30\%$	0

表 6-24   客服人员响应时间考核结果

客服人员	首次响应时间/秒	分值1	权重得分1	平均响应时间/秒	分值2	权重得分2	权重总得分
甲客服	2			8			
乙客服	5			10			
丙客服	8			13			
丁客服	4			11			

表 6-25   客服人员咨询转化率考核结果

客服人员	成交人数	咨询人数	咨询转化率	权重得分
甲客服	102	268		
乙客服	206	336		
丙客服	302	405		
丁客服	168	408		

8. 某男装旗舰店对 2022 年和 2023 年的物流数据评分进行了汇总，如表 6-26 所示。试根据该表所示的数据在 Excel 中建立可视化图表，并分析物流数据。

表 6-26   2022 年和 2023 年物流数据评分汇总

年份	工作量/分	时效性/分	准确性/分	货换率/分	成本控制/分	物流服务质量/分
2022	4.3	4.6	4.5	4.6	4.6	4.7
2023	4.7	4.9	4.8	4.6	4.9	4.9

备注：满分均为 5 分。

成本利润数据化运营

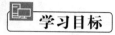 **学习目标**

【知识目标】

（1）知晓店铺运营的各项成本及计算方法。

（2）清楚利润与利润率之间的联系及相关计算方法。

（3）掌握店铺利润预测和规划的操作方法。

【技能目标】

（1）能够拆解和分析店铺的运营成本构成。

（2）能够在控制成本的基础上获得更高利润。

（3）能够预测利润，并规划好利润的实现方案。

【素养目标】

能够高瞻远瞩，时刻关注国家未来的经济发展和相关政策支持等，把握市场动态，合理安排店铺运营活动。

项目导读

获取利润是企业存在的根本目的，但它不应该成为企业唯一的目标。一个企业要想持续发展，除了要关注盈利能力外，还应该考虑自己的社会责任和长期发展。KK 旗舰店就是因为追求短期利润，而忽视了店铺的可持续发展，导致店铺现在陷入财务困境。为了摆脱眼前的困境，KK 旗舰店委托荣邦公司对店铺近几个月的成本与利润数据进行分析和规划，找出影响利润的直接因素，以制定长期的战略规划。小赵又被委以重任。老李让小赵在取得相关销售数据后，先厘清运营成本、利润、利润率等重要数据，然后利用 Excel 计算和分析数据，最后为 KK 旗舰店制作一份利润规划表，便于店铺了解预估的利润情况。

任务一　店铺运营成本与利润分析

任务描述

小赵获得 KK 旗舰店提供的成本与利润数据后，为更好地把握 KK 旗舰店的经营状况，先对其盈利情况进行了分析，并填写了任务单（见表 7-1）。

表 7-1   任务单

任务名称	计算并分析 KK 旗舰店利润数据	
任务背景	KK 旗舰店经历年中大促这一大型活动后，店铺利润起伏不定，甚至出现了持续负增长的情况，因此，小赵需要找到影响店铺盈利的关键因素，使利润回暖	
任务类别	☐ 采集数据　■ 处理数据　■ 分析数据　☐ 制订报告/计划	
所需素材	配套资源：\素材文件\项目七\任务一\利润数据分析表.xlsx	
工作任务		
任务内容	**任务说明**	
任务演练：计算并分析 KK 旗舰店利润数据	① 计算店铺的利润和销售利润率 ② 根据折线图分析店铺销售利润率数据	
任务总结：		

 **知识准备**

一、店铺的运营成本

店铺想要运营下去，就要以盈利为根本。除了做好销售运营这些环节外，成本控制也是盈利的关键环节。就店铺而言，店铺运营成本一般分为不可控成本和可控成本两大类，如图 7-1 所示。

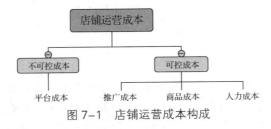

图 7-1 店铺运营成本构成

（一）不可控成本

不可控成本是指店铺不能自行调整的成本，如平台成本等。平台成本属于店铺运营最基本的成本之一，该成本是平台固定的，店铺不可自行控制。以天猫为例，平台成本包括店铺保证金和技术服务费。

（1）店铺保证金。在天猫开店，就必须缴纳一定数额的店铺保证金，不同商品类目的保证金，其金额是不同的，大部分是在 5 万~15 万元。当商家闭店后，平台会将保证金退还给商家，所以店铺保证金可以理解为押金的一种形式。

（2）技术服务费。技术服务费也是店铺在天猫开店时必须缴纳的费用，一般以年为时限缴纳，不同类目所缴金额有所不同，一般分为 3 万元和 6 万元这两个级别。商家退店时，平台也会将技术服务费退还给商家，但不同于店铺保证金的是，技术服务费不一定会全额退还，而是要求店铺在完成一定量的销售额后，根据完成情况按比例退还，当店铺达到销售目标时，就会全额退还。

（二）可控成本

可控成本是指可以通过决策调整等控制的成本。对店铺而言，可控成本包括推广成本、商品成本、人力成本等。

（1）推广成本。推广成本指为推广店铺或商品所花费的成本。推广成本是店铺运营成本的重要组成部分。推广的深度决定店铺的发展速度，当店铺发展到一定阶段时，就需要推广，如使用直通车、引力魔方等常规推广方式，以及参加平台组织的各种活动等。通过分析推广成本，店铺可以看到哪种推广方式更为有效，从而能够有针对性地改变运营推广策略。

（2）商品成本。商品成本是店铺运营中的核心成本，决定了店铺的利润空间。商品成本包括商品净成本、商品包装成本、仓储物流成本、商品残损成本等。其中，商品净成本是指商品的出厂价或调拨价；商品包装成本是指店铺为销售商品而产生的商品包装所支出的费用，包括搭赠的赠品费用、包装盒费用、纸箱费用等；仓储物流成本包括仓储成本和物流成本，仓储成本包括仓库租赁费用、货架租赁费用等，而物流成本指物流运输费用；商品残损成本是指商品由于报废以及运输过程中发生破损而产生赔偿的费用。

（3）人力成本。人力成本指店铺因使用劳动者而支付的所有直接费用与间接费用的总和，是店铺运营成本的重要构成部分。人力成本主要包括员工工资、奖金、保险等，其中员工工资是人力成本的主要组成部分。

提示

　　就店铺而言，分析人力成本时，可以重点关注员工工资这一成本。一般来说，员工工资与店铺的销售额、利润等直接挂钩，所以，店铺应当确定合理的绩效考核制度，设置好关键绩效指标，激发员工的工作热情。

二、利润与利润率

店铺运营成本的多少会直接影响店铺的利润。那么，如何判断店铺是否盈利呢？一般可以通过利润与利润率这两项指标进行衡量。

（一）利润

利润是反映店铺经营效果的核心指标，一般来说，店铺利润越高，其盈利也就越多，相关计算公式如下。

$$利润总额＝营业利润＋营业外收入－营业外支出$$
$$净利润＝利润总额－所得税费用$$

从会计的角度来讲，利润的计算方式较为复杂。但对电商店铺而言，可以直接使用以下计算公式。

$$利润（净利润）＝收入（包括利得）－成本（包括损失）$$

例如，淘宝某女鞋旗舰店某一天的销售额是 10 000 元，客单价为 100 元，平均每单商品成本是 20.8 元，快递和包装费合计 5.2 元，当天平台推广费合计 1 683 元，平台活动补贴返现 768 元，赔付 3 个异常订单 278 元，当天还临时招聘一位打包员，日结工资 200 元。则该店铺当日的利润计算如下。

（1）计算收入。收入 = 销售额+利得 = 10 000+768 = 10 768（元）。

（2）计算成本。成本 = 推广成本+人力成本+快递和包装费+商品成本+赔付损失 =

1 683+200+5.2×（10 000÷100）+20.8×（10 000÷100）+278 = 4 761（元）。

（3）计算净利润。利润 = 收入-成本 = 10 768-4 761 = 6 007（元）。

（二）利润率

利润率反映了店铺在一定时期内的利润水平，包括成本利润率、销售利润率以及产值利润率等。

（1）成本利润率。成本利润率是反映店铺盈利能力的一个重要指标，是利润与总成本之比。其计算公式为：

$$成本利润率=利润÷总成本×100\%$$

例如，淘宝某女鞋旗舰店 2023 年上半年的店铺盈利统计结果如图 7-2 所示。该店铺的成本利润率每个月基本都在 140%以上，为盈利状态；若小于 100%，则说明入不敷出，为亏损状态。

日期	成交量/件	客单价/元	店铺成交额/元	店铺总成本/元	店铺利润	成本利润率
1月	1364	67.83	92520.12	20492.26	72027.86	351.49%
2月	978	69.46	67931.88	19748.12	48183.76	243.99%
3月	1480	68.89	101957.20	21583.43	80373.77	372.39%
4月	1492	69.98	104410.16	20943.89	83466.27	398.52%
5月	1843	75.39	138943.77	55739.80	83203.97	149.27%
6月	2346	77.51	181838.46	64893.07	116945.39	180.21%
合计	9503		687601.59	203400.57	484201.02	238.05%

图 7-2　某女鞋旗舰店 2023 年上半年的店铺盈利统计结果

（2）销售利润率。销售利润率是反映收益水平的指标，是企业（净）利润与销售额的比值，计算公式为：销售利润率=利润÷销售额×100%。一般情况下，销售利润率的合理范围是 20%～30%，低于 20%，则店铺处于亏损状态；高于 30%，则店铺处于盈利状态。

（3）产值利润率。产值利润率是指一定时期的销售利润总额与总产值之比，反映了产值与利润的关系，计算公式为：产值利润率=销售利润总额÷总产值×100%。产值利润率的合理范围为 15%～20%，低于 15%，则店铺处于亏损状态；高于 20%，则店铺处于盈利状态。

任务实施

任务演练：计算并分析 KK 旗舰店利润数据

【任务目标】

在 Excel 中利用公式计算 KK 旗舰店的利润，然后通过可视化图表分析 KK 旗舰店的成本构成和盈利能力，为调整经营策略做准备。

【任务要求】

本次任务的具体要求如表 7-2 所示。

表 7-2　　　　　　　　　　　　　　　　　任务要求

任务编号	任务名称	任务指导
（1）	分析店铺运营成本构成	建立柱形图，重点分析商品成本和推广成本
（2）	计算利润数据	利用公式分别计算利润和销售利润率
（3）	借助图表分析数据	通过销售利润率判断店铺的盈利能力

【操作过程】

（1）分析店铺运营成本构成。由于平台成本是固定不变的，因此这里主要分析商品成本和推广成本。选择 C1:D7 单元格区域，插入柱形图（簇状柱形图），并将图表标题更改为"成本构成"，如图 7-3 所示。由图 7-3 可知，店铺的商品成本越高，对应的推广成本也会相应地增加，商品成本与推广成本是正相关的。

（2）计算利润。打开整理好的"利润数据分析表.xlsx"工作簿，在工作表中选择 F2:F7 单元格区域，然后在编辑栏中输入公式"=B2-C2-D2-E2"，如图 7-4 所示，最后按【Ctrl+Enter】组合键，计算 KK 旗舰店上半年各月的利润。

微课视频

计算并分析 KK 旗舰店利润数据

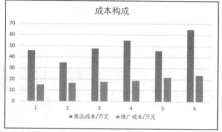

图 7-3 分析店铺运营成本构成

图 7-4 计算利润

（3）计算销售利润率。继续在工作表中选择 G2:G7 单元格区域，然后在编辑栏中输入公式"=F2/B2"，如图 7-5 所示，最后按【Ctrl+Enter】组合键，计算 KK 旗舰店上半年各月的销售利润率。

日期	总成交额/万元	商品成本/万元	推广成本/万元	平台成本/万元	利润/万元	销售利润率
1月	135.2	46	15	1	73.2	=F2/B2
2月	230.5	35	16.8	1	177.7	
3月	138.2	48	18	1	71.2	
4月	145.3	55	19	1	70.3	
5月	185.4	46	22	1	116.4	
6月	202.4	65	24	1	112.4	

图 7-5 计算销售利润率

（4）创建折线图。选中日期与销售利润率两列数据区域，然后在【插入】/【图表】组中单击"插入折线图或面积图"按钮，在打开的下拉列表中选择"二维折线图"栏中的"带数据标记的折线图"选项，完成折线图的创建（配套资源：\效果文件\项目七\任务一\利润数据分析表.xlsx），如图 7-6 所示。

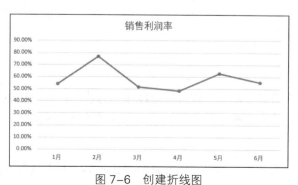

图 7-6 创建折线图

（5）分析图表数据。从销售利润率的折线图可以看出，3月和4月的销售利润率有明显下降，结合商品成本、推广成本的投入，可能是店铺活动投入成本的增加所致。

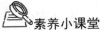素养小课堂

有些商家为了盈利会刻意降低运营成本，如少报销售额、剽窃他人劳动成果、使用劣质原材料、违规生产等，这些都是违法行为，严重的甚至会触犯刑法。因此，商家要有深刻的法律意识和良好的职业操守，杜绝一切违法行为。

任务二 店铺利润预测与规划

任务描述

小赵在了解KK旗舰店的运营成本和盈利情况后，为了帮助店铺寻求最佳的盈利途径以摆脱困境，将对店铺利润进行预测和规划，并在填写任务单（见表7-3）后着手工作。

表7-3   任务单

任务名称	店铺利润预测与规划	
任务背景	店铺在经营过程中会遇到各种未知情况，想要让KK旗舰店实现长远发展，就需要根据已有的数据做好下一年的利润规划，开展精准营销	
任务类别	□ 采集数据 ■ 处理数据 ■ 分析数据 □ 制订报告/计划	
所需素材	配套资源：\素材文件\项目七\任务二\销售费用统计表.xlsx、利润规划数据表.xlsx	
工作任务		
任务内容	任务说明	
任务演练1：利用模拟运算法预测店铺利润	① 利用公式计算店铺利润 ② 利用模拟运算表预测店铺利润变化	
任务演练2：制作KK旗舰店8月份的利润规划表	① 根据店铺前几个月的销售量，利用趋势线预估8月份销售量 ② 根据预估销售量计算不同推广费用的金额 ③ 编制店铺8月份的利润规划表	
任务总结：		

知识准备

一、利润预测方法

通过预测和分析利润数据，不仅可以有针对性地制订营销计划，还能科学地降低成本，做到开源节流。利润预测的方法有多种，最常用的方法是线性预测和模拟运算这两种。

（一）线性预测

线性预测是指通过一个变量预测另一个变量的变化趋势。利用这种预测方法，商家就可以根

据设定的成交量预测可能产生的成本费用，进而得到可能的利润数据。

Excel 中的 TREND 函数可以用于线性预测。TREND 函数根据已知数据返回线性回归拟合线的一组纵坐标值（y 值），主要用于推测预测值，该函数的语法格式为 "TREND(known_y's, [known_x's], [new_x's], [const])"。其中，各参数的含义分别如下。

（1）known_y's。这一参数表示关系表达式 $y=mx+b$ 中已知的 y 值集合。

（2）known_x's。这一参数表示关系表达式 $y=mx+b$ 中已知的可选 x 值集合。

（3）new_x's。这一参数表示 TREND 函数返回对应 y 值的新 x 值。

（4）const。这一参数表示是否将常量 b 强制设为 0，此参数非必要，可以省略。

图 7-7 所示的表格中显示了店铺上半年各月份的成交金额和商品成本的数据信息，以及设定好的 7 月份成交金额目标。接下来，利用 TREND 函数预测 7 月份的商品成本。其方法为：选择 7 月份商品成本对应的 C8 单元格，打开 TREND 函数的"函数参数"对话框，按图 7-8 所示的内容设置函数参数；最后单击 确定 按钮，便可在 C8 单元格中看到预测的 7 月份的商品成本，如图 7-9 所示。

图 7-7　采集的数据　　　　图 7-8　设置函数参数　　　　图 7-9　查看预测值

（二）模拟运算

模拟运算同样可以通过 Excel 实现，该功能用于分析某个变量在不同值的情况下，目标值会发生的变化。利用这个特点，商家可以通过实际的成本、成交金额和利润预测未来的利润变化情况。图 7-10 所示为利用 Excel 的模拟运算功能，推测在不同的销售量下利润的变化情况。

图 7-10　利用模拟运算推测利润变化情况

知识拓展

除了上述两种利润预测方法外，还可以利用图表法预测店铺利润，即通过创建图表，然后在图表中利用趋势线预测利润的变化趋势。图 7-11 所示为在图表中利用趋势线预测店铺 7 月利润的效果。预测公式 "$y=891.94x+1\,938.2$"，其中 x 是月份，y 是对应月份的利润。由于 7 月是

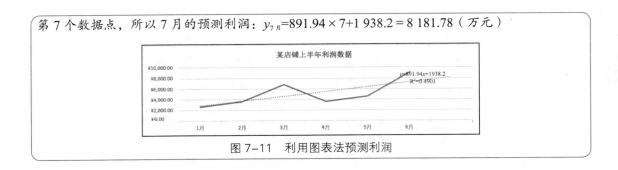

第 7 个数据点，所以 7 月的预测利润：$y_{7月} = 891.94 \times 7 + 1\,938.2 = 8\,181.78$（万元）

图 7-11　利用图表法预测利润

二、利润规划

利润规划是指店铺在未来一定时期内所要达到的利润目标及其实现方法的过程预测，它是店铺未来经营需要考虑和赖以实施的重要战略之一。利润规划的过程具体可以分为以下 5 个步骤。

（1）预估销量。根据商品结构、活动、库存情况等预估店铺下个月的销售量。

（2）给定目标。给出店铺的目标成交金额。

（3）预估推广。预估店铺实施推广活动需要的费用。

（4）计算成本。预估店铺加上各项支出（包括推广费用、固定成本、仓储物流等）需要花费的总成本。

（5）得出结果。根据已知的信息，计算出最终要达到的利润和销售利润率。

 **任务实施**

任务演练 1：利用模拟运算法预测店铺利润

【任务目标】

根据 KK 旗舰店提供的销售费用统计表，利用 Excel 的模拟运算功能预测店铺在推广成本发生变化时对应的利润变化情况，以便整体把握店铺未来的发展情况，制定销售方案，避免盲目运营。

【任务要求】

本次任务的具体要求如表 7-4 所示。

表 7-4　　　　　　　　　　　　任务要求

任务编号	任务名称	任务指导
（1）	计算利润	计算店铺利润
（2）	预测利润	利用模拟运算工具，根据预测推广成本预测对应的利润

【操作过程】

（1）计算利润。打开"销售费用统计表.xlsx"工作簿，在 E2 单元格中输入公式"=D2-A2-B2-C2"，如图 7-12 所示，然后按【Enter】键计算利润。

（2）引用单元格。选择 C5 单元格，输入运算符"="，然后单击 E2 单元格，如图 7-13 所示，按【Enter】键将 E2 单元格中的数据引用到 C5 单元格中。

（3）选择模拟运算工具。选择 B5:C17 单元格区域后，单击【数据】/【预测】组中的"模拟分析"按钮，在打开的下拉列表中选择"模拟运算表"

微课视频

利用模拟运算法
预测店铺利润

选项，如图 7-14 所示。

（4）引用推广成本所在单元格。打开"模拟运算表"对话框，在"输入引用列的单元格"参数框中输入"$B$2"，最后单击 确定 按钮，如图 7-15 所示。

图 7-12 计算利润

图 7-13 引用单元格数据

图 7-14 选择"模拟运算表"选项

图 7-15 设置引用单元格

（5）查看预测值。返回工作表中，"预测利润"所在列中显示了 1—12 月的利润预测值，如图 7-16 所示（配套资源：\效果文件\项目七\任务二\销售费用统计表.xlsx）。以各月份的预测利润数据为数据源，创建带数据标记的折线图并进行适当美化，如图 7-17 所示。由图 7-17 可知，在推广成本按预测的情况发生变化时，店铺一年的利润是呈曲线变化的。

图 7-16 查看预测利润数据

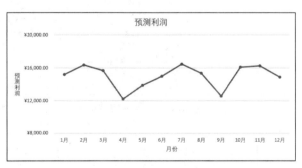

图 7-17 图表美化效果

 提示

注意，本案例中 C5 单元格中的数值必须选用公式链接 E2 单元格，不能直接录入数值"16 200"。C5 单元格的作用是显示结果的计算方法，即按 E2 单元格中的利润公式计算。

技能练习

为图 7-17 所示的折线图添加线性预测趋势线，使预测利润变化趋势更加直观。

任务演练 2：制作 KK 旗舰店 8 月份的利润规划表

【任务目标】

分析 KK 旗舰店的销售预估表、费用投入表后，将利润规划所需的数据整理在同一张表格中，然后预估销售量和费用，最后得出利润情况并制作一份利润规划表，便于店铺合理安排运营活动。

【任务要求】

本次任务的具体要求如表 7-5 所示。

表 7-5 　　　　　　　　　　　　　　　　　任务要求

任务编号	任务名称	任务指导
（1）	预估 8 月份销售量	创建折线图并为其添加趋势线来预估 8 月份商品销售量
（2）	计算利润和销售利润率	根据预估销售量来计算不同渠道的费用投入金额
（3）	制作利润规划表	根据公式预估店铺 8 月份的净利润及利润率，并制作利润规划表

【操作过程】

1. 预估 8 月份销售量

根据 KK 旗舰店 1—7 月的销售量，采用图表法预估 8 月份各商品的销售量，具体操作如下。

（1）创建并编辑折线图。打开"利润规划数据表.xlsx"工作簿，其中包含"销售预估表""销售量汇总""费用投入表"3 个表格，如图 7-18 所示。这里在"销售量汇总"表格中以 B9:F16 单元格区域为数据源，创建一个带数据标记的折线图，然后将折线图中的图表标题更改为"商品销售量"，同时适当调整图表的大小和位置，效果如图 7-19 所示。

微课视频

预估 8 月份
销售量

销售预估表

商品	成本价	售价	预估销售量/份	销售总额	利润	销售利润率
生椰拿铁	¥45.50	¥89.90				
速溶黑咖啡	¥38.50	¥99.90				
咖啡豆	¥40.80	¥79.90				
挂耳咖啡	¥36.80	¥88.90				
合计						

销售量汇总

月份	生椰拿铁/份	速溶黑咖啡/份	挂耳咖啡/份	咖啡豆/份
1月	350	450	336	465
2月	460	330	280	587
3月	420	350	450	405
4月	350	486	520	450
5月	460	452	480	468
6月	450	502	468	468
7月	350	448	658	487
预估8月销售量				

费用投入表

渠道	预估销售总额	费用项目	金额	费用占比	内容
天猫旗舰店		直通车		6.72%	后台充值，按点击计费
		引力魔方		2.52%	后台充值，按点击计费
		淘宝客		4.20%	自动结算，按成交结算
		运费险		0.80%	每单0.2元，预估值固定
		聚划算		5.88%	活动费用
		软件费		0.84%	软件系统续费
		天猫佣金		3%	固定点数3%
		支付宝服务费		0.50%	固定点数0.5%
合计				24.46%	

图 7-18 　"利润规划数据表"工作簿所含表格

（2）添加趋势线。选择折线图中的"生椰拿铁"数据系列，然后单击【图表工具 设计】/【图表布局】组中的"添加图表元素"按钮，在打开的下拉列表中选择"趋势线"/"线性"选项，如图 7-20 所示。

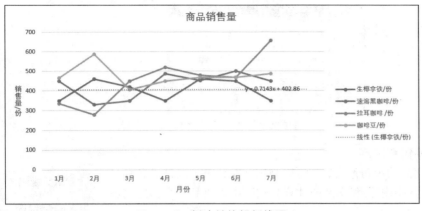

扫码看彩色图

图 7-19　创建并编辑折线图

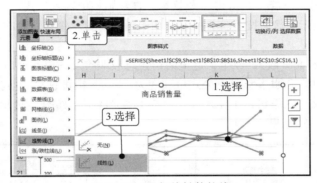

图 7-20　添加线性趋势线

（3）预估 8 月份销售量。双击添加的线性趋势线，打开"设置趋势线格式"任务窗格，在"趋势预测"栏中的"前推"数值框中输入"1.0"，表示预估 8 月份的销售量，然后选中"显示公式"复选框，如图 7-21 所示。此时，"生椰拿铁"数据系列上的趋势线将显示出对应的计算公式"$y = 0.714\,3x + 402.86$"，利用该公式在 C17 单元格中计算出生椰拿铁 8 月份的预估销售量：$0.714\,3 \times 8 + 402.86 = 408.574\,4$（份）。

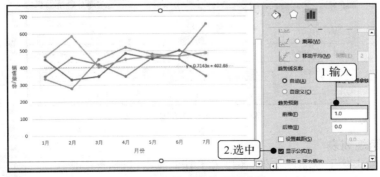

图 7-21　设置趋势预测参数

（4）输入计算结果。按照相同的操作思路，继续利用线性趋势线计算剩余 3 种商品 8 月份的预估销售量，最后将计算结果输入 D3:D6 单元格区域中，如图 7-22 所示。

图 7-22　将预估值输入对应单元格

2. 计算利润和销售利润率

预估出店铺 4 种商品的销售量后，就可以利用利润计算公式计算各商品 8 月份的利润，然后再利用销售利润率的计算公式得出各商品 8 月份的销售利润率，具体操作如下。

（1）计算销售总额。选择 E3:E6 单元格区域，在编辑栏中输入公式 "=D3*C3"，如图 7-23 所示，然后按【Ctrl+Enter】组合键，将显示销售总额的计算结果。

（2）计算利润。利润＝收入－成本，这里的销售总额即收入，成本价与预估销售量的积即成本。因此，该计算公式可演变为：利润=销售总额-（成本价×预估销售量）。选择 F3:F6 单元格区域，在编辑栏中输入公式 "=E3-(B3*D3)"，如图 7-24 所示，按【Ctrl+Enter】组合键将显示利润的计算结果。

微课视频

计算利润和销售利润率

图 7-23　计算销售总额

图 7-24　计算利润

（3）计算销售利润率。在 G3:G6 单元格区域中输入公式 "=F3/E3"，然后按【Ctrl+Enter】组合键，将显示销售利润率的计算结果，如图 7-25 所示。

图 7-25　计算销售利润率

3. 编制利润规划表

由于 KK 旗舰店除了商品成本外，还投入了其他成本，包括推广费用、软件费、服务费等，因此店铺净利润应当减去这些费用，具体操作如下。

（1）计算销售总额合计数。选择 E7 单元格，单击【公式】/【函数库】组中的"自动求和"按钮Σ，计算出销售总额的合计数，结果如图 7-26 所示。

微课视频

编制利润规划表

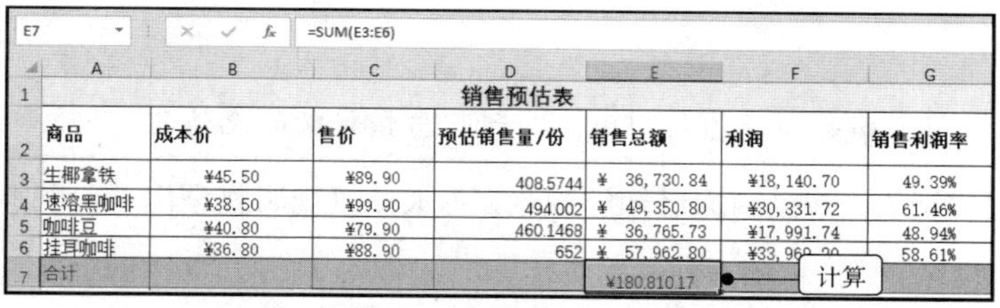

图 7-26 计算销售总额的合计数

（2）引用单元格的值。选择 F7 单元格，利用"自动求和"功能计算出利润的合计数，然后选择 J3 单元格，输入"=E7"，最后按【Enter】键，将 E7 单元格中的值引用到 J3 单元格中，如图 7-27 所示。

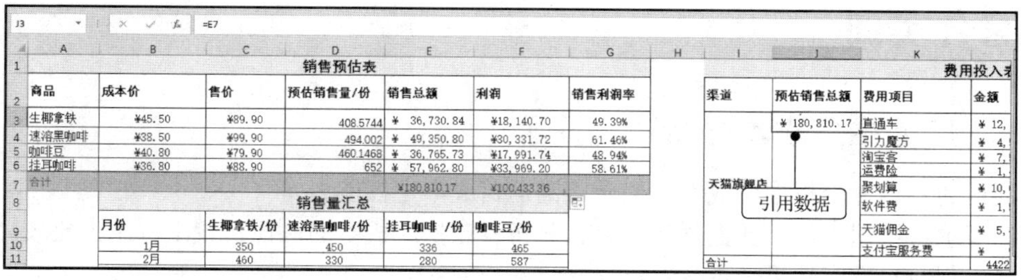

图 7-27 引用销售总额的合计数

（3）预估各费用项目的金额。在"费用投入表"表格中，可以看到该店铺除商品成本外的其他费用项目及占比情况，这里利用公式"费用项目金额=预估销售总额×费用占比"来计算。例如，计算直通车的金额时，在 L3 单元格中输入公式"=$J$3*M3"后，按【Enter】键得到计算结果。按照相同的操作思路，计算其他费用项目的金额，结果如图 7-28 所示。

图 7-28 计算各费用项目的金额

（4）预测净利润。计算 8 月份的预计净利润和预计利润率，相关计算结果如图 7-29 所示（配套资源：\效果文件\项目七\任务二\销售费用统计表.xlsx）。

图 7-29 预计净利润与利润率

> **提示**
>
> 本例中的预计利润率是指销售利润率，即利润与销售额的比值。

（5）编制利润规划表。根据前面已知的数据，为 KK 旗舰店整理出一份利润规划表，如表 7-6 所示。

表 7-6 　　　　　　　　　　　　　KK 旗舰店 8 月份的利润规划表

销售总额/元	费用投入/元	利润/元	净利润/元	利润率/元
180 810.17	44 226.18	100 433.36	56 207.19	31.086%

综合实训

实训一　店铺推广成本分析

实训目的：通过分析推广成本，提升店铺运营成本把控能力。

实训要求：根据提供的数据创建图表，分析各项推广成本的占比，找出费用占比较高的几个推广项目，判断其推广效果是否有效。

实训思路：本次实训需要先打开素材文件"推广成本分析.xlsx"工作簿（配套资源：\素材文件\项目七\综合实训\实训一\推广成本分析.xlsx），然后计算利润和成本利润率，再利用数据透视图分析店铺推广成本占比，具体操作思路可参考图 7-30。

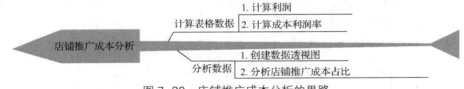

图 7-30　店铺推广成本分析的思路

实训结果：本次实训完成后的参考效果如图 7-31 所示（配套资源：\效果文件\项目七\综合实训\实训一\推广成本分析.xlsx）。

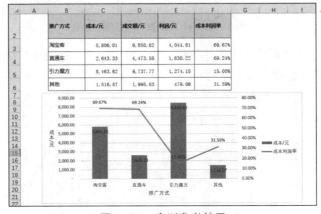

图 7-31　实训参考效果

实训二　利用模拟运算法预测利润

实训目的： 练习使用模拟运算法预测店铺利润，掌握店铺利润的预测方法。

实训要求： 在 Excel 中创建双变量数据模拟运算表，以推广成本和商品成本为变量，预测不同额度的推广成本和商品成本下利润的变化情况。

实训思路： 本次实训需要先打开素材文件"利用模拟运算法预测利润.xlsx"工作簿（配套资源：\素材文件\项目七\综合实训\实训二\利用模拟运算法预测利润.xlsx），并计算利润，并根据设定的商品成本，以推广成本和商品成本为变量创建模拟运算表，预测利润并分析，具体操作思路可参考图 7-32。

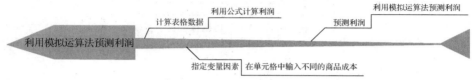

图 7-32　利用模拟运算法预测利润的思路

实训结果： 本次实训完成后的参考效果如图 7-33 所示（配套资源：\效果文件\项目七\综合实训\实训二\利用模拟运算法预测利润.xlsx）。

	商品成本/元	推广成本/元	固定成本/元	成交金额/元	利润/元	
1	商品成本/元	推广成本/元	固定成本/元	成交金额/元	利润/元	
2	21,000.00	8,000.00	7,800.00	53,000.00	16,200.00	
3						
4	**16,200.00**	30,000.00	25,000.00	28,000.00	27,000.00	← 商品成本
5	9,000.00	6,200.00	11,200.00	8,200.00	9,200.00	
6	7,800.00	7,400.00	12,400.00	9,400.00	10,400.00	
7	8,500.00	6,700.00	11,700.00	8,700.00	9,700.00	
8	12,000.00	3,200.00	8,200.00	5,200.00	6,200.00	
9	10,300.00	4,900.00	9,900.00	6,900.00	7,900.00	
10	9,200.00	6,000.00	11,000.00	8,000.00	9,000.00	
11	7,700.00	7,500.00	12,500.00	9,500.00	10,500.00	
12	8,800.00	6,400.00	11,400.00	8,400.00	9,400.00	
13	11,600.00	3,600.00	8,600.00	5,600.00	6,600.00	
14	8,100.00	7,100.00	12,100.00	9,100.00	10,100.00	
15	7,900.00	7,300.00	12,300.00	9,300.00	10,300.00	
16	9,300.00	5,900.00	10,900.00	7,900.00	8,900.00	
17	推广成本↑					

图 7-33　实训参考效果

📝 巩固提高

1. 店铺的运营成本包含哪些项目？
2. 利润与利润率的定义分别是什么，销售利润率与成本利润率应该如何计算？
3. 预测利润的方法有哪些？
4. 简述利润规划的相关步骤。

5. 根据图 7-34 所示的 1—6 月销售数据，结合已设定的 7—12 月的成交金额，利用线性预测法在 Excel 中预测 7—12 月的推广成本。

	A	B	C
1	月份	成交金额	推广成本
2	1月	¥468,987.00	¥169,752.00
3	2月	¥685,745.00	¥365,845.00
4	3月	¥568,756.00	¥265,487.00
5	4月	¥965,741.00	¥459,874.00
6	5月	¥657,842.00	¥302,548.00
7	6月	¥365,214.00	¥102,547.00
8	7月	¥456,278.00	
9	8月	¥156,014.50	
10	9月	¥365,845.00	
11	10月	¥698,574.00	
12	11月	¥456,287.00	
13	12月	¥568,745.00	

图 7-34　1—6 月销售数据

撰写数据分析报告与运营计划

学习目标

【知识目标】

（1）熟悉数据分析报告的类型与结构。

（2）掌握撰写数据分析报告的流程、原则和方法。

（3）了解运营计划的特点与内容。

（4）掌握运营计划的制订流程、执行环节及跟踪优化操作。

【技能目标】

（1）能够撰写数据分析报告。

（2）能够根据店铺的运营目标，撰写具有可行性的运营计划。

（3）能够落实运营计划并进行有效优化。

【素养目标】

数据应当真实、准确且完整，不存在误导性和欺骗性。另外，发布的数据分析报告不能损害国家和个人信息安全。

项目导读

荣邦公司与 KK 旗舰店合作有很长一段时间了，其间，荣邦公司不仅为店铺的经营决策提供了数据支持，而且通过数据化运营帮助店铺拓展了销售市场。现在又到了季度总结和计划制订的时间，KK 旗舰店希望荣邦公司为上一季度的运营撰写数据分析报告，并为下一季度的运营制订运营计划。老李安排小赵完成此项任务，小赵在了解 KK 旗舰店上一季度的运营情况，并听取了店铺下一季度的运营目标后开始了工作。

任务一　了解数据分析报告

任务描述

小赵认真回顾了数据分析报告的相关知识，并查看了 KK 旗舰店提供的数据，在填写任务单（见表 8-1）后开始工作。

表 8-1   任务单

任务名称	撰写数据分析报告	
任务背景	KK 旗舰店上一季度用户流失严重，为防止用户继续流失，需要针对这一问题制作专题分析报告	
任务类别	□采集数据　　□处理数据　　□分析数据　　■制订报告/计划	
所需素材	配套资源：\素材文件\项目八\任务一\用户流失数据.xlsx	
工作任务		
任务内容	**任务说明**	
任务演练：撰写针对用户流失的数据分析报告	① 明确数据分析报告的撰写目标 ② 根据拆解过程理顺逻辑并搭建框架 ③ 使用 PowerPoint 撰写报告	
任务总结：		

 知识准备

一、认识数据分析报告

数据分析报告实际上是一种应用文体，是对数据进行分析、总结并展示的报告，揭示的是数据背后的规律和模式，是决策者做决策的重要依据。

（一）数据分析报告的作用

数据分析报告可以为决策者制订计划提供科学的依据，从而降低运营风险，提高企业的核心竞争力。总体来看，数据分析报告的作用主要体现在展示分析结果、验证分析质量和提供决策参考 3 个方面。

（1）展示分析结果。数据分析报告可以将数据分析结果清晰且有条理地展示给决策者或其他相关人员，使他们得以迅速理解、分析和研究问题的基本结论。

（2）验证分析质量。数据分析报告实际上是对整个数据分析过程的总结，通过对数据分析方法的描述，对数据结果的处理与分析等，可以重新检验数据分析的质量和准确性。运营人员可以在制作报告的过程中检查内容是否有误，以便及时修正或调整。

（3）提供决策参考。决策者往往没有太多的时间去详细了解数据分析指标、数据分析模型的具体情况，他们往往关注结果，并利用这个结果制定方案。

（二）数据分析报告的类型

数据分析报告根据数据类型、主题领域等的不同，可以划分为不同的类型，常见的数据分析报告有定期分析报告、专题分析报告和综合分析报告 3 种。

（1）定期分析报告。定期分析报告以一定时间间隔的数据为分析对象，可以反映该时期内相关计划的执行情况。定期分析报告一般按日、周、月、季、年等时间间隔定期编制，其特点如下。

① 时效性。这是定期分析报告最明显的特点之一，由于这类报告往往针对的是特定时期的问题，因此它只有及时提供数据分析的各种信息，才能帮助决策者实时掌握企业的运营情况。

② 可比性。虽然定期分析报告的篇幅往往不长，但由于其具有连续的周期执行计划，可以对各个时期的数据进行比较分析，能够帮助企业更好地了解市场发展趋势。

（2）专题分析报告。专题分析报告是专门分析企业运营中的某一环节或环节中的某个特定问题的一种报告，它的作用主要是为决策者确定某项决策或解决某个问题提供参考和依据，其特点如下。

① 单一性。专题分析报告主要针对某一方面或某一个问题进行分析，如用户人群画像分析、转化率分析等，不要求全面分析企业的整体运营状况。

② 深入性。专题分析报告需要针对特定问题进行深入分析和研究，包括问题的成因、影响趋势等，以获取全面、准确的数据和信息。

（3）综合分析报告。综合分析报告需要全面分析和评价企业的运营情况，其特点如下。

① 全面性。综合分析报告需要站在全局的角度进行分析，并做出全面评价。例如，电商企业要综合分析企业运营情况时，往往就会从商品、价格、渠道、促销等角度进行分析。

② 联系性。综合分析报告需要把相互关联的问题综合起来进行全面且系统的分析，这种联系并不是对资料的简单罗列，而是将分析指标按照一定的逻辑框架或体系进行整理，深入分析它们的内部联系和外部联系。

（三）数据分析报告的结构

编制数据分析报告时需要注意报告的结构和内容的完整性，虽然不同企业对数据分析报告的需求不同，导致出现不同的结构，但一个完整的数据分析报告的结构一般包括开篇、正文和结尾三大部分，各部分又有各自的结构组成，如图 8-1 所示。

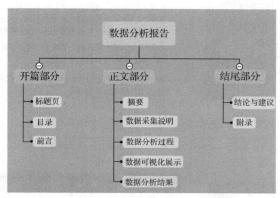

图 8-1 数据分析报告的结构

（1）开篇部分。开篇部分也被称作引言，是数据分析报告的开头。撰写开篇部分时，首先要言简意赅地简述报告论点，然后简单介绍报告的背景、目的和思路等，其目的是让使用者可以在最短的时间内了解数据分析报告的制作背景以及分析内容。一般来说，开篇部分主要包括标题页、目录、前言 3 部分。

① 标题页。标题页一般要写明报告名称、数据来源、报告编制日期、编写单位、接收单位、编写人员等内容。标题页要求简洁、清晰、准确，以便使用者快速了解报告主题。

② 目录。目录是报告中各部分内容的索引，需要清晰地体现出报告的分析思路。因此，目录中需要列出报告主要章节的名称，名称后面应该附上对应的页码，其中比较重要的细分目录也应该体现出来，如图 8-2 所示。

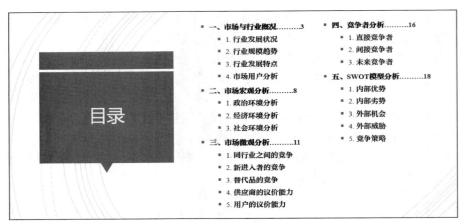

图 8-2　数据分析报告目录示例

③ 前言。前言是数据分析报告的一个重要组成部分，旨在介绍编制数据分析报告的背景、目的和思路等，让报告使用者可以更好地使用报告。其中，分析背景主要是让使用者了解此次分析的背景；分析目的主要是让使用者了解此次分析的目的和主要内容；分析思路可以让使用者更好地了解分析过程和结论，提高其对报告的信任度。图 8-3 所示为某数据分析报告的前言示例。

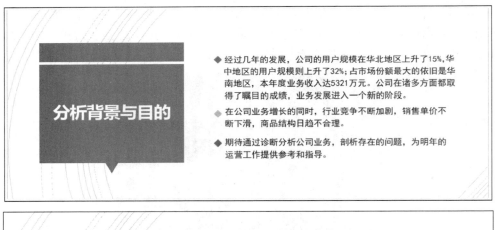

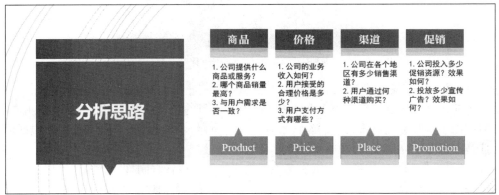

图 8-3　某数据分析报告的前言示例

（2）正文部分。正文部分是一篇数据分析报告的核心部分，必须与分析思路相结合，系统、全面地表达分析过程和结果。正文部分的内容一般包括摘要、数据采集说明、数据分析过程、数据可视化展示、数据分析结果等。

① 摘要。摘要显示了报告的重要结论，如目标、主要数据要点和结论等。这部分内容尽量简明扼要，只讲述重要的内容即可。

② 数据采集说明。这部分内容需要重点说明数据采集的渠道、程序、方法和内容等，以表明数据采集的真实性和准确性，进而说明此数据分析报告的真实性和专业性。

③ 数据分析过程。这部分内容需要将整个分析过程充分展示出来，让使用者可以直观地了解本次数据分析的方法和过程。

④ 数据可视化展示。这部分内容需要与数据分析过程相配合，从而更直观地显示数据分析的情况，以便使用者理解内容。

⑤ 数据分析结果。这部分内容只需准确且简洁地体现出数据分析的结果即可。

（3）结尾部分。结尾部分是对整个数据分析报告的总结。好的结尾可以加深使用者对报告的认识，起到画龙点睛的作用。结尾部分主要包括结论与建议、附录两部分内容。

① 结论与建议。数据分析报告要有明确的结论、建议和解决方案，才能辅助决策者制定正确的策略。

② 附录。在数据分析报告中，附录并不是必不可少的，可根据需求选择撰写与否。一般来说，附录需要提供正文中涉及但未予以详细阐述的有关资料，如报告中涉及的专业名词解释、计算方法、数据模型原理、重要原始数据等，以供使用者查阅。

二、撰写数据分析报告

了解数据分析报告的撰写流程、原则、方法等，可以帮助运营人员更好地完成报告。

（一）报告撰写流程

撰写数据分析报告的流程主要包括以下 3 个步骤。

（1）明确报告撰写目标。一份完整的数据分析报告首先要清楚阐述报告的目标是什么。在明确报告最终的目标后，就需要提出围绕该目标需要解决的问题，并拆分问题，以便后续步骤的开展。

（2）确定报告逻辑并设计框架。根据问题拆分结果，明确数据分析报告的合理讲述逻辑，然后细化和补充讲述逻辑，完成报告框架的设计。

（3）呈现报告。结合业务分析场景，选择合适的数据和恰当的图表类型来展现问题与分析结果，使报告的整体设计生动形象、美观大方。

（二）报告撰写原则

运营人员在撰写数据报告时，一定要遵循以下 4 项基本原则。

（1）规范性原则。数据分析报告中所使用的数据单位、名词术语一定要规范、标准、前后统一，避免产生歧义。

（2）突出重点原则。数据分析报告一定要突出数据分析的重点。在各项数据分析中，要选取关键指标，对问题的重要性进行排序后再分级阐述。

（3）谨慎性原则。数据分析报告的撰写一定要谨慎，保证数据的真实性和完整性。同时，数据分析过程必须科学、全面且合理，分析结果要可靠，内容要实事求是。

（4）创新性原则。创新就是分析数据时适当地引入新的分析方法和研究模型，在确保数据真实的基础上提高数据分析的多样性。

> **⏰ 提示**
>
> 　　一份完整的数据分析报告，应当围绕撰写目标确定问题范围，并遵循一定的原则，系统地反映存在的问题和原因，进一步提出解决问题的办法。

（三）报告撰写方法

就目前的电商企业而言，大多数企业都会利用 Word、Excel 或 PowerPoint 撰写数据分析报告。其中，Excel 主要用于图表的可视化制作，它可以将制作好的图表共享到 Word 或 PowerPoint 中，但单独使用 Excel 制作数据分析报告的情况则比较少见，因此下面重点介绍使用 Word 和 PowerPoint 撰写数据分析报告的方法。

（1）使用 Word 撰写数据分析报告。

不同运营人员的使用习惯不同，使得利用 Word 制作的数据分析报告内容会有所差别，这里介绍一种较为通用的方法，具体操作如下。

① 输入文本。在 Word 中新建文档，依次输入数据分析报告的各级标题、段落和文本内容。

② 插入对象。根据需要在文本的合适位置插入各种对象，如表格、图片、图形、Excel 图表等。

③ 设置格式。文本和对象基本上搭建起数据分析报告的框架及整体内容，因此，需要对内容格式进行设置，包括文本格式、段落格式和各种对象的格式等。实际操作时，也可以一边输入内容，一边设置格式。

④ 添加辅助信息。这里的辅助信息是指帮助使用者更好地理解和使用数据分析报告的信息，如展示报告名称的页眉，展示时间或页码的页脚，解释特定内容的脚注或尾注等。

另外，通过 Word 制作的数据分析报告，无论篇幅长短、层次多寡，内容都要清晰易懂，这样才能让使用者快速地提取到报告中有价值的内容。

（2）使用 PowerPoint 撰写数据分析报告。

在 PowerPoint 中撰写数据分析报告，应当先编制内容，再插入对象、设置格式、添加动画等，具体操作如下。

① 编制内容。依次在各幻灯片中输入报告标题、正文等文本内容。

② 插入对象。根据报告内容在幻灯片的合适位置插入对象，包括表格、图片、图形、Excel 图表等。与 Word 不同的是，在 PowerPoint 中还可以插入音频、视频等多媒体对象。

③ 设置格式。首先设置整个演示文稿（即 PowerPoint 生成的文件）的主题，如背景样式、配色、字体、效果等，然后依次设置幻灯片中的各个对象的格式。

④ 添加动画。首先为整个演示文稿设置幻灯片切换动画，然后依次为幻灯片中的各个对象添加合适的动画效果。

在 PowerPoint 中应用动画效果可以提升数据分析报告的生动性与互动性，相比枯燥的文字内容，更容易吸引使用者的注意。需要注意的是，过分地强调生动形象，有可能造成视觉疲劳、喧宾夺主。因此，运营人员在利用 PowerPoint 制作数据分析报告时，应该合理利用动画。

（四）报告撰写注意事项

为了保证数据分析报告的正确性，避免出现一些不必要的错误，运营人员在撰写报告时需要注意以下事项。

（1）数据分析报告语言尽量做到精练、简洁，且报告的结构要合理、有逻辑，尽量少用模棱两可的描述，如差不多、也许、可能等词汇；同时报告的内容描述要直指重点。

（2）数据分析报告要选择真实、可靠的数据源，以确保数据分析报告的真实性。反之，数据失真，数据分析结果也就不正确，最终将影响决策者的决策和判断。

（3）善用图表，将复杂的数据以图表的方式呈现，可以更加快速地分析数据、总结结论，使数据分析报告更具说服力和专业性。

**任务实施**

任务演练：撰写针对用户流失的数据分析报告

【任务目标】

利用 PowerPoint，围绕用户流失问题展开分析并撰写专题分析报告，为店铺决策者制订运营计划提供参考依据。

【任务要求】

本次任务的具体要求如表 8-2 所示。

表 8-2　　　　　　　　　　　　　　　　任务要求

任务编号	任务名称	任务指导
（1）	明确报告撰写目标	确定问题，明确分析对象
（2）	确定报告逻辑并设计框架	通过对确定问题的拆解，构建报告的基本框架
（3）	撰写报告内容	利用合理的图表撰写报告内容，使报告美观且专业

【操作过程】

（1）明确报告撰写目标。KK 旗舰店面临的问题是用户流失严重，那么本次任务的目标就是找出用户流失的原因。撰写目标的确定与拆解流程如图 8-4 所示。

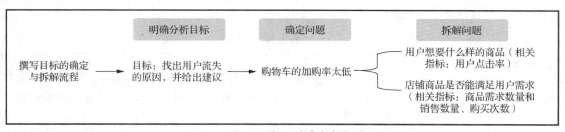

图 8-4　撰写目标的确定与拆解流程

（2）确定报告逻辑并设计框架。以目标拆解流程为逻辑，以开篇、正文、结尾为组成部分，以解决方向为正文内容。

（3）撰写报告内容。在 Powerpoint 中撰写报告的具体内容，包括标题页、目录页、正文以及结尾等，部分内容的参考效果如图 8-5 所示（配套资源：\效果文件\项目八\任务一\KK 旗舰店用户流失分析报告.xlsx）。

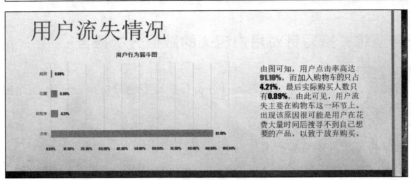

图 8-5 部分内容的参考效果

任务二 制订运营计划

任务描述

通过小赵的数据分析报告，KK 旗舰店很快就解决了用户流失的问题。接下来，小赵将根据前一个季度的销售数据制订下一季度的运营计划，以帮助店铺达成经营目标，小赵将此次任务的具体内容填写在任务单（见表 8-3）中。

表 8-3   任务单

任务名称	制订运营计划	
任务背景	KK 旗舰店在第一季度不管是在京东商城还是淘宝均取得了不错的经济效益，总销售额为 50 万元，但在运营过程中仍出现了一些问题，如推广方式错误、执行能力差等，因此，在吸取经验后，该店铺希望提前制订运营计划，规避一些问题	
任务类别	☐采集数据 ☐处理数据 ☐分析数据 ■制订报告/计划	
工作任务		
任务内容	**任务说明**	
任务演练：制订 KK 旗舰店第二季度的运营计划	① 根据店铺第一季度的总销售额 50 万元来确定运营目标 ② 拆解目标 ③ 制订规划	
任务总结：		

 **知识准备**

一、运营工作包含的内容

电商企业在确定好店铺的类目后，就需要规划好店铺的运营工作。店铺的运营工作通常分为流量运营、用户运营、商品运营、活动运营和内容运营5个方面。

（一）流量运营

流量运营涉及引流、流量转化等，其本质是对流量渠道的运营和把控。流量运营一般从店铺的目标用户群体出发，选定优质的流量渠道后，通过一定的策略进行信息传播，最后将看到信息的目标用户群体转化为店铺用户，其核心是流量的转化。流量运营是运营人员必须掌握的能力。

（二）用户运营

用户运营是指围绕用户展开工作，通过分析用户需求、喜好等，制定相应的运营方案，达到引入新用户、留住老用户、提高用户活跃度、增强用户黏性的目的。

（三）商品运营

商品运营是指以商品为主，聚焦于商品本身的品质、价格、口碑、服务等，使商品满足用户的多种需求，以便成功地达成运营目标。大多数电商企业会特别注重商品运营，商品运营涉及的内容包括商品发展、品牌策划等。

（四）活动运营

活动运营是指在某个时间段内，店铺通过组合各种活动推广商品、增加品牌曝光度等。活动运营主要包括活动策划、活动推广、活动执行等，有助于增强用户互动性、提高商品销量。

（五）内容运营

内容运营通常是指通过创造、编辑、组织等方式生产出能够增强用户黏性和提高用户活跃度的内容。电商企业在开展内容运营时，可以在多个平台建立账号，打造账号矩阵，并持续发布内容来与用户互动，以优质的内容吸引用户，进而促进用户的转化。

二、运营计划的特点与内容

针对店铺运营人员规划的计划称为运营计划，对指导店铺运营有重要意义。那么，运营计划究竟有何特点，又包含哪些内容呢？下面将逐一进行介绍。

（一）运营计划的特点

运营计划的特点主要体现在以下几个方面。

（1）目标性。每个运营计划都有它的目标，所有的后续工作都是围绕这个目标展开的。一般来说，运营计划的目标可划分为品牌推广和销售额提高两类，其中，品牌推广又分为提升品牌形象、提升品牌知名度等，店铺可根据自身的业务场景明确运营计划的最终目标。

（2）时效性。由于运营计划通常是根据目前的形势制订的，而在网络时代下，用户的消费行为会在短时间内快速发生改变，因此运营计划还有一定的时间限制，只在特定时间内有效。

（3）综合性。运营计划需要综合考虑各方面的因素，并统筹各个部门。

（4）可执行性。运营计划必须考虑店铺实际情况，并具有可操作性。

（二）运营计划的内容

运营计划的内容一般包括市场调研、商品管理、品牌定位、物流管理、数据分析、展示等。无论是电商运营还是线下运营，只有合理设计运营计划的内容，才能使业务数据朝着预期的方向发展。

（1）市场调研。了解目标市场的需求、竞争情况、趋势等，制定有针对性的运营策略。

（2）商品管理。通过对商品品质和价格的控制，保证商品的竞争力，提高用户满意度。

（3）品牌定位。确定企业的品牌定位，树立良好的品牌形象，并合理定位店铺商品，为用户提供优质且符合用户需求的商品。

（4）物流管理。建立完善的物流体系，提高商品的送货速度和物流服务的质量，以满足用户需求。

（5）数据分析。收集并分析用户数据，提升数据运营能力，了解市场反馈情况，及时调整运营方案，提高销售效率。

（6）展示。利用思维导图、PPT 等方式展示运营计划，让用户理解运营计划的意图。不断地填补逻辑空缺，完善思维方案，使抽象方案更加具象化。

三、运营计划的制订流程

想要制订运营计划，还要清楚运营计划的制订流程，否则制订出的运营计划可能会偏离预期的目标。运营计划制订流程通常包括以下 6 个步骤。

（1）确定目标。运营计划必须有目标导向，如增加流量、提高销售额等。

（2）构建指标体系。清楚目标后，需要围绕该目标构建相关业务的监控和结果评价体系。

（3）数据获取。根据业务需求获取必要的数据，以供分析及参考。

（4）数据分析。利用数据分析方法处理获取的数据，包括整理、计算、可视化展示等，最后得出分析结果。

（5）制定策略。根据数据分析结果制定各项指标的达成策略。

（6）执行计划。根据目标和策略实施运营计划，然后通过测试对比、结果对比等方式持续优化和跟进计划。

知识拓展

电商企业的运营计划需要从实际运营目标出发，考虑运营计划的可实施性。同时，运营计划的制订还需要遵循以下 3 个原则。

（1）合理性。运营计划要贴合实际，设定的目标是通过努力可以达到的。

（2）可行性。运营计划制订的目标要在可行的范围内，不能盲目制订。

（3）具体性。运营计划的时间要具体化，可拆分到周、月、季度，推荐做月度计划。

素养小课堂

运营人员在设计运营计划的过程中，要有清晰的目标，能立足店铺的长远发展，制订阶段性的运营计划，并立足于当前的经济、文化环境，把握时代潮流，勇于探索和创新，积极响应国家战略和大政方针。

四、运营计划的执行

计划既然制订了，就要严格执行，才能发挥其应有的作用。那么电商企业该如何有效执行运营计划才能达到预期效果呢？一般运营计划的执行包含图8-6所示的5个环节。当然，不同的运营内容，其执行过程会有所不同。

图8-6 运营计划执行的具体环节

（1）细分目标。明确运营计划想要达成的目标后，将目标细化为可实现的阶段性任务。

（2）量化目标。将目标根据店铺实情量化为可执行的目标，如本月销售额达到100万元。

（3）实施计划。根据目标整理出具体的计划步骤，可分任务阶段性推进，并确定优先级和时间表，将计划落实到每个部门或者每位员工身上。

（4）监测进度。跟踪进度，记录下已完成的任务以及未完成的原因，并对运营计划进行必要的调整。

（5）调整策略。按照运营数据复盘运营计划，及时调整店铺运营策略。

五、运营计划的跟踪优化

电商的发展瞬息万变，各大电商平台也在不断地调整新的运营方向，因此，运营计划制订好后还需要跟踪计划的进度，并适当地调整运营策略。运营计划执行后，将得到相应的运营数据，通过运营数据就能跟踪计划的实施情况。

（一）数据统计

针对店铺运营情况，统计店铺的核心数据，并按周、月、季度的时间节点进行统计，统计的维度包括访客数、咨询人数、下单数、转化率、退货率、利润、成本等。如果是淘宝店铺，也可以通过生意参谋查看店铺数据。养成统计数据的习惯，把需要的所有数据都记录到Excel中，建立自己店铺的数据库。

（二）数据分析

数据统计好后，还要学会观察和分析数据，找出问题并探索解决办法。注意，数据之间是相互关联的，单一的数据是没有意义的。例如，某店铺今天的浏览量是3 000人次，转化率是1%，成交额是3 000元，这种情况如何判断店铺的经营情况是变好了还是变差了？只有通过与昨天、上周或上月同期数据比较才能发现问题。店铺有了自己的数据库，就可以结合不同数据维度综合分析问题了。

（三）数据追踪

数据具有偶然性和关联性，偶然性指可能在某一段时间内数据变化大，如转化率的突然降低；关联性是指大部分数据都是关联的，如转化率突然降低，是因为访客数减少。因此，数据追踪一定要从多个维度分析，综合考虑引起该数据指标变化的其他数据。

（四）数据对比优化思路

对比就是将自家店铺或商品与其他店铺或商品进行比较。前提是选择合适的对比对象，运营人员可以根据自己的品牌定位确定对比对象，也可以寻找行业中做得好的店铺作为对比对象，并分析它们做得好的地方，以此确定优化方向。

例如，某店铺的篮球销量一直不如竞争对手，通过分析数据发现流量差距很大，故店铺加大了广告投入，但效果还是不理想，还损失了大部分利润。于是，该店铺又将篮球与竞争对手的同类型商品做对比分析，发现流量来源中，自然搜索相差较大，最终确定是品牌知名度的问题。于是店铺加大了品牌的宣传推广力度，带动了品牌知名度的提升，很快商品销售量也开始提高了。

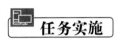 **任务实施**

✍任务演练：制订 KK 旗舰店第二季度的运营计划

【任务目标】

根据 KK 旗舰店第一季度的销售额，为 KK 旗舰店制作第二季度的运营计划，以达成运营目标。

【任务要求】

本次任务的具体要求如表 8-4 所示。

表 8-4　　　　　　　　　　　　　　任务要求

任务编号	任务名称	任务指导
（1）	确定运营目标	根据店铺第一季度的销售数据确定第二季度的运营目标
（2）	拆解目标	将目标拆解为细化的指标，如访客数、转化率、订单数等
（3）	制订规划	围绕目标制订流量规划、活动规划，确定提高转化率的措施等

【操作过程】

（1）确定运营目标。根据以往的店铺销售数据可知，KK 旗舰店第一季度的销售总额为 50 万元，但由于第一季度开展了 3 次促销活动，所以销售额是偏高的，综合分析后，小赵将 KK 旗舰店第二季度的销售额（运营目标）确定为 45 万元，相比第一季度低一些，然后将第二季度的销售额细分到每个月中。2023 年第二季度运营计划的运营目标如图 8-7 所示。

> **2023 年第二季度运营计划（KK 旗舰店）**
> **一、运营目标**
> 　　季度销售额目标：45 万元
> 　　4 月销售额目标：10 万元
> 　　5 月销售额目标：15 万元
> 　　6 月销售额目标：20 万元

图 8-7　确定运营目标

（2）拆解目标。明确运营目标后，接下来对目标进行拆解。由于影响销售额的主要数据指标是访客数、转化率、订单数，因此把这 3 个指标分配到每个月份，如店铺达成 10 万元的销售额需要吸引多少流量，转化率是多少，订单数是多少等。数据指标制定如图 8-8 所示。

周期	销售额/万元	访客数/人	转化率	客单价/元
二季度	45			
4 月	10	12659	5%	158
5 月	15	15823	6%	158
6 月	20	25317	5%	158

二、数据指标制定

图 8-8　数据指标制定

（3）流量规划。明确具体的量化指标后，接下来对运营内容进行规划。小赵在查看影响访客数的因素后发现，主要是免费流量的获取比较欠缺，因此这里针对免费流量设定不同引流渠道的引流目标，如图 8-9 所示。

三、流量规划

针对流量这个目标，可以根据渠道进行拆分，根据渠道的推广效果来针对不同渠道设定引流目标。下表所示为免费流量在不同渠道设定的引流目标。

引流渠道	4 月引流目标/人	5 月引流目标/人	6 月引流目标/人
我的淘宝	1614	3562	6852
手淘搜索	5121	5478	3685
购物车	3757	2530	6985
逛逛	5167	4253	7795

图 8-9　流量规划

（4）活动规划。小赵从 KK 旗舰店处了解到，店铺第二季度将开展"庆五一""年中大促"活动，于是为了提高客单价、销售额等，小赵围绕这两个活动做了一系列规划，如图 8-10 所示。

- 活动主题：快乐五一、完美假期
- 活动方案：
    提供 10 元无门槛优惠券，领取时间为 4 月 28 日—4 月 30 日，每个 ID 限领一次(与店铺优惠券可重叠领取)，使用时间为 5 月 1 日—5 月 4 日。
活动二：年中大促
- 活动时间：6 月 1 日—6 月 18 日
- 活动主题：欢乐购物节，实惠在 KK
- 活动方案：
    6 月 10 日—6 月 18 日全场实付满 68 元包邮，在此期间单笔订单满 98 元送旅行装黑咖啡一袋。

图 8-10　活动规划

（5）提高转化率的措施。小赵查询了影响转化率的相关因素，将重点放在优化页面设计、用户服务体验、客服服务等方面，预计通过优化商品详情页图片和文案，优化用户下单支付路径，提升店铺客服促单技巧，做好用户的评价管理以及实行价格促销策略等，以提高转化率（配套资源：\效果文件\项目八\任务二\KK 旗舰店第二季度运营计划.xlsx）。

提示

　　成功制订运营计划后，要认真落实计划并进行后续的跟踪和优化，才能让计划达到预期的效果。

 **综合实训**

实训一　制作某女装店铺销售数据分析报告

　　实训目的： 通过店铺销售数据分析报告的制作，提升数据分析报告撰写能力。

　　实训要求： 使用 Word 撰写数据分析报告，报告中应有对贡献率和整体销售情况的分析，以及结合图表直观显示店铺整体销售情况的内容。

　　实训思路： 本次实训将从销售情况和销售变化两个方面进行分析，其中，销售情况从销量贡献率和销售额贡献率两个方面进行分析，具体操作思路可参考图 8-11。

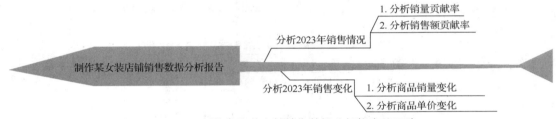

图 8-11　制作某女装店铺销售数据分析报告的思路

　　实训结果： 本次实训完成后，部分内容的参考效果如图 8-12 所示（配套资源：\效果文件\项目八\综合实训\实训一\某女装店铺销售数据分析报告.docx）。

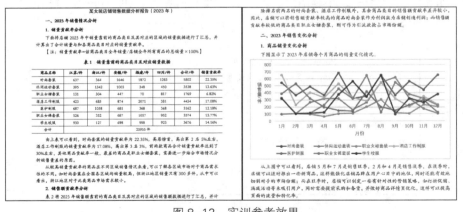

图 8-12　实训参考效果

实训二　制订店铺运营计划

　　实训目的： 通过制订店铺运营计划，加深对运营计划制订流程的理解。

　　实训要求： 首先根据店铺上一季度的销售额 50 万元来确定本季度店铺运营计划的销售目标，

然后将目标拆分为具体可量化的指标，这里主要拆分为"访客数""转化率""客单价"3个指标，最后根据拆分后的指标制订相应的实施计划和具体的实施细节。

实训思路：本次实训的具体操作思路可参考图 8-13。

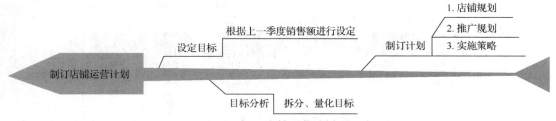

图 8-13　制订店铺运营计划的思路

实训结果：本次实训完成后，部分内容的参考效果如图 8-14 所示（配套资源：\效果文件\项目八\综合实训\实训二\店铺运营计划.docx）。

2023 年第一季度网店运营计划

一、 运营目标

季度销售额目标：60 万元

1 月份销售额目标：15 万元

2 月份销售额目标：20 万元

3 月份销售额目标：25 万元

二、 数据指标制订

周期	销售额/万元	访客数/人	转化率	客单价/元
一季度	60			
1 月	15	44118	5%	68
2 月	20	49020	6%	68
3 月	25	73530	5%	68

三、 店铺规划

1. 店铺装修

首页装修：首页装修以婚庆为主要元素。

活动宣传：在店铺页面中多个区域呈现出店内活动，给消费者一种如今买有优惠的感觉。

图 8-14　网店运营计划部分内容

巩固提高

1. 简述数据分析报告的作用和类型。

2. 数据分析报告由哪几部分组成？简述各组成部分的内容。

3. 数据分析报告的撰写原则是什么？

4. 图 8-15 所示为某店铺的销售数据和流量结构，请根据所提供的数据撰写一份数据分析报告，分析店铺的整体运营情况并提出店铺优化建议。

咖啡各类目历年销售数据表				
年份	挂耳咖啡/万元	胶囊咖啡/万元	冻干咖啡/万元	咖啡原液/万元
2019年	362	265	563	125
2020年	456	320	458	205
2021年	506	335	520	225
2022年	685	405	652	350
2023年	562	368	498	360

店铺流量结构					
流量来源	访客数/人	成交订单数/笔	成交金额/元	转化率	UV价值
手淘淘宝直播	62301	748	50864	1.20%	0.82
手淘搜索	16553	1522	92848	9.19%	5.61
引力魔方	13557	704	43648	5.19%	3.22
直通车	12212	1013	64832	8.30%	5.31
逛逛	6248	282	16638	4.51%	2.66
聚划算	5921	781	52327	13.19%	8.84
购物车	3757	507	37011	13.49%	9.85
微博	2167	165	11715	7.61%	5.41
手淘免费其他	1882	159	10335	8.45%	5.49

图 8-15　店铺数据信息

5. 店铺运营工作有哪些?

6. 运营计划的制订流程是什么?